ALEXANDER KERN

UDO LINDENBERG

– KLEINE ANEKDOTEN AUS DEM LEBEN DES PANIKROCKERS –

riva

Bibliografische Information der Deutschen Nationalbibliothek
Die Deutsche Nationalbibliothek verzeichnet diese Publikation in der Deutschen Nationalbibliografie. Detaillierte bibliografische Daten sind im Internet über https://dnb.de abrufbar.

Für Fragen und Anregungen
info@m-vg.de

Wichtiger Hinweis
Ausschließlich zum Zweck der besseren Lesbarkeit wurde auf eine genderspezifische Schreibweise sowie eine Mehrfachbezeichnung verzichtet. Alle personenbezogenen Bezeichnungen sind somit geschlechtsneutral zu verstehen.

Originalausgabe
4. Auflage 2025

Türkenstraße 89
80799 München
Tel.: 089 651285-0

Redaktion: Silke Panten
Umschlaggestaltung: Isabella Dorsch
Umschlagabbildung: picture alliance/Volker Danzer
Satz: Helmut Schaffer, Hofheim a. Ts
Druck: Florjancic Tisk d.o.o., Slowenien
Printed in the EU

ISBN Print 978-3-7423-1292-1
ISBN E-Book (EPUB, Mobi) 978-3-7453-0986-7

Inhalt

Einleitung

Nach sechs verheerenden Jahren des Krieges hat der Frieden noch kaum das Laufen gelernt, als Udo Gerhard Lindenberg am 17. Mai 1946 im westfälischen Städtchen Gronau, nur ein paar Kilometer entfernt von der niederländischen Grenze, das Licht der Welt erblickt. Seit 375 Tagen schweigen die deutschen Waffen, die unendliches Leid über Europa, die Welt und natürlich auch das eigene Land gebracht haben. Etwas mehr als drei Monate wird es noch dauern, ehe die preußischen Provinzen Rheinprovinz (seit Kriegsende die Verwaltungseinheit Nordrhein) und Westfalen kraft Besatzungsrechts von den Briten zum Land Nordrhein-Westfalen fusioniert werden. Mehr als drei Jahre werden noch vergehen, bis am 23. Mai 1949 die Länder der drei westlichen Besatzungsmächte die Bundesrepublik Deutschland gründen. So viel wird passieren in diesem Land. Viel konservativer Mief, gegen den Lindenberg, der Mann, der den Rock in die deutsche Sprache bringt, in unvergleichlicher Lässigkeit sein »Döb-ö-dö-bö-döp« erheben wird – sein fläzender Schlachtruf an die Waffen der Lockerheit. Viel Gutes wird geschehen; ein Aufbruch in ein neues europäisches Zeitalter steht an. Udo ist Teil einer ersten Generation, für die der Frieden ein ständiger – wenn auch kein selbstverständlicher – Begleiter wird.

Udo Lindenberg, dieser stets Filzhut tragende, lässige Vogel, der mehr Wappentier dieses Landes ist als der ewig zeternde Bundesadler, ist also älter als die BRD. Seit über 70 Jahren beäugt er die *Bunte Republik Deutschland*, wie er sie nennt – heute zumeist durch das sanfte Monochrom einer Sonnenbrille. Seit nahezu 50 Jahren besingt er Land und Leute. Ein Volkssänger, der auf jeden Volksbegriff pfeift. Ein »VEB«, ein volkseigener Betriebssänger, wie er sich selbst einmal bezeichnete. Udo ist einer, der Schönheit auch im Scheitern findet. Einer, dem das Schelmenstück gelingt, in seiner eigenen Kunstsprache so über die Leute und die Liebe zu singen, dass es ungekünstelt klingt, dass er sagen kann, er habe dem Volk aufs Maul geschaut. Obwohl eigentlich niemand *wirklich* so spricht wie er. Udo ist einer, der Grenzen niederlullen und uns auf die Barrikaden nuscheln kann. Ein zarter Rocker und ein rumpelnder Charmeur.

Vater Gustav – Dirigent unterm Säufermond

Udo ist das zweite von vier Kindern seiner Eltern Gustav und Hermine. Bruder Erich ist fast acht Jahre älter, vier Jahre nach Udo folgen die Zwillinge Inge und Erika. Zwischen Udo und seinem großen Bruder liegt der Zweite Weltkrieg. Gustav Lindenberg dient in Griechenland, wo Wehrmacht und SS im von den Deutschen besetzten Gebiet Massaker von unvorstellbarer Grausamkeit anrichten. Wie auch Italien und Bulgarien, die beiden anderen Besatzungsmächte, setzen die Deutschen eine griechische Regierung ein, die kollaboriert; der Krieg wird gegen die Partisanen geführt. Zwischen 70 000 und 80 000 griechische Männer, Frauen und Kinder fallen den Besatzungsmächten insgesamt zum Opfer.

Mehr als bei jedem Krieg zuvor setzen die Jahre des Zweiten Weltkriegs mit ihren weit über 60 Millionen Toten ein generationenschweres Fragezeichen hinter die ewig unbeantwortete Frage: *Wozu sind Kriege da?* Und wie überall auf der Welt spuckt dieser Krieg anschließend auch im westfälischen Gronau einen Haufen traumatisierter Männer aus, die einen Weg finden müssen, mit dem Erlebten und – vor allem im Falle so vieler Deutscher – den selbst begangenen Gräueltaten weiterzuleben. Gustav führt der Weg jeden Abend dorthin, wo niemand Fragen stellt, wo das Bier die Gedanken erst verwässert und schließlich fortspült, wo ihm der Suff den bleiernen Mantel seines Daseins mit jedem Glas ein Stückchen weiter von den Schultern zieht. »Zehn bis zwanzig Bier« am Abend trinkt er in seiner Stammkneipe, der »Quelle«, »dazu Schnäpse, am liebsten Doppelkorn«. So sitzt er dort mit seinen Saufkumpanen am Tresen, vereint im redseligen Schweigen über das Unaussprechliche. Er reißt schmutzige Witze und unterhält die anderen mit seiner Gabe, die verschiedensten deutschen Dialekte nachzuahmen. Manchmal kommt er dann drei Tage lang nicht nach Hause, holt sich den Schlaf, den er braucht, einfach gleich in der Kneipe.

Tagsüber führt Gustav Lindenberg den Installateursbetrieb im eigenen Haus, den er vom Vater übernehmen musste (weil der große Bruder, dem diese Rolle eigentlich zugedacht war, früh bei einem Motorradunfall ums Leben gekommen war). Daheim ist er ein Vater wie so viele andere vom Krieg zerstörte Männer seiner Generation: mürrisch und unnahbar, zu Willkür und Wutausbrüchen neigend, ein Despot in Pantoffeln, dessen oft pedantische Herrschaft nicht hinterfragt werden darf. Dabei ist es in Wirklichkeit seine Frau, die die Familie zusammen- und den Betrieb am Laufen hält. Ein »Ein-Personenschutzwall gegen den Irrsinn« ist Hermine, wie es in Udos offizieller Biografie heißt, die der Journalist Thomas Hüetlin aufgeschrieben hat. Udo selbst beschreibt seinen Vater später als »stille Säge«, als jemanden, der Gram und Enttäuschung ausstrahlt, »als hätte man ihm etwas ganz Schreckliches angetan«.

Natürlich ist das nicht das Leben, das Gustav sich vorgestellt hat. Konditor hatte er werden wollen oder, noch besser, Musiker. Die Kinder fürchten die Unberechenbarkeit des Vaters so sehr, wie sie sich nach ein wenig Zuneigung und Anerkennung von ihm sehnen. Aber die Momente, in denen er plötzlich gut gelaunt nach Hause kommt, sind nicht nur selten, sondern auch eher grotesk. Manchmal kommt er sternhagelvoll aus der Kneipe gewankt, lässt Hermine die Kinder aus dem Bett scheuchen, steigt auf einen Stuhl und gibt zur Musik aus dem Grammofon den Dirigenten. Zu nachtschlafender Zeit wedelt der große Lindenberg senior vor den Augen der übermüdeten, verwirrten Kinder mit einem Kochlöffel in der Luft, »mit geschlossenen Augen, zurückgekämmten Haaren« und stilecht in einen Frack gehüllt. Leidenschaftlich, keine Frage, aber doch eher »eine frackwürdige Erscheinung«, um es mit Heinz Erhardt zu sagen. Trotz aller Beschwingtheit war klar, dass Lachen verboten war, wenn Gustav auf diese Weise Verdi, Toscanini und anderen Ikonen der Musikgeschichte huldigte, befeuert von ehrfürchtiger Leidenschaft, von Schnaps und Bier.

Dieses Bild des Vaters hat sich tief in Udo eingebrannt. 1975 besingt er ihn auf seinem Album *Votan Wahnwitz* als »Taktstockmeister [...] mit wirrem Haar, dem Herzinfarkt verdächtig nah«, dem der Satan im Nacken saß. Da ist der Vater bereits tot. 1991 schließlich widmet Udo ihm das Album *Gustav*, auf dem sich auch das herzzerwühlende Stück »Unterm Säufermond« findet. Auf die Melodie von Michel Legrands »The Windmills of Your Mind« singt er vom Suff wie von einer verzweifelten Liebe. Längst meint er damit nicht mehr nur den Vater, sondern auch sich selbst.

Der Detektiv

Erich, Udos großer Bruder, gilt im kleinen Gronau als sonderbar. Ständig steckt er seine Nase in Bücher, Sartre zum Beispiel, und hört den amerikanischen Jazz von Miles Davis oder Duke Ellington. Udos kleine Schwestern dagegen, die Zwillinge Inge und Erika, sind als ständiger Doppelpack schon eine kleine Sensation für sich. Udo, so sein Gefühl, findet immer eher so ein bisschen nebenbei statt. Dabei sind die Geschwister sich einig, dass er das Lieblingskind des Vaters ist. Schließlich ist er derjenige, den der Vater ab und an in die Kneipe mitnimmt, um ihn auf den Tisch zu stellen, wo der Lindenzwerg zur allgemeinen Erheiterung Gedichte rezitiert. Anschließend öffnet Udo den Reißverschluss seines Brustbeutels und lässt sich den Vortrag mit Kleingeld vergüten.

Für die Schule indes kann er sich nur mäßig bis gar nicht begeistern. Die Noten bleiben zuverlässig im unteren Mittelfeld, während dem großen Bruder die Einsen nur so zufliegen. »Du bist kein Erich«, bekommt Udo oft zu hören; klar also, dass er sich nicht für eine Sache abrackert, an der er der einhelligen Meinung nach ohnehin nur scheitern kann. Udo muss sich stattdessen sein eigenes Udoversum erschaffen. Das ist für ihn Kinderspiel und Überlebensnotwendigkeit zugleich. Wo sein Bruder in die unendlich vielen Welten fliehen kann, die die Literatur geschaffen hat, zieht es Udo von klein auf nach draußen, auf die Straße, in die Felder, aufs Wasser. »Raus, und ihr seid wieder da, wenn es dunkel wird«, ist ohnehin ein oft gehörter Satz der Mutter – und Udo lässt sich selten zweimal bitten.

Auf der anderen Seite der Straße wohnt sein bester Freund Clemi, die beiden sind im selben Alter. Und wenn Matz (so wird »der kleine Hosenmatz« Udo damals noch genannt) und Clemi durch die Gegend ziehen, ist alles Abenteuer. Immer wieder legen sie Steine auf die Schienen, die durch Gronau führen. Natürlich wissen sie längst, dass ein tonnenschwerer Koloss von einem Güterzug dadurch nicht aus den Gleisen zu werfen ist, aber ein wenig aufgeregte Katastrophenerwartung schwingt trotzdem mit, wenn sie dann hinter den Gleisen liegen und die mit Öl beladenen Waggons an ihnen vorüberdonnern. Außerdem gibt es die wilden Ströme der düsteren Dinkel, die genau genommen nur ein pittoresk durch die Landschaft plätschernder Fluss ist – aber was kümmert die beiden Abenteurer die Wirklichkeit, wenn sie »im Schlauch eines Lastwagenreifens« auf große Fahrt gehen?

Er sei »bandenorientiert« gewesen, »immer ein wenig wie Huckleberry Finn drauf«. Die großen Abenteuer liegen eben mitunter direkt vor der Haustür, und damit Udo keines davon verpasst, muss er seinen Blick schärfen. Obwohl er sich selbst mit einigem Ehrgeiz als Kleinganove versucht und jeden Mist nicht nur mitmacht, sondern am liebsten selbst anstiftet, belegt er mit zehn Jahren einen Detektivkurs per Fernausbildung. Gegen eine Gebühr von ein paar Mark sendet ihm die Zürcher »Detektivschule Sonnenschein« in regelmäßigen Abständen alles nötige Lernmaterial und Zubehör per Post nach Hause. Man muss sich das wohl vorstellen, als habe man nur die Extras aus den *Micky-Maus*-Heften abonniert – garniert mit ein paar Tipps und Tricks, die die Fantasie der aufstrebenden Meisterdetektive beflügeln sollten.

Gemeinsam mit Clemi und Kumpel Kalle, dem Dritten im Bunde, entsteht eine Detektei, die so geheim ist, dass sie nicht mal einen Namen haben darf. Selbstgebastelte Dosentelefone, eine Lupe für Briefmarkensammler und die berühmte Zaubertinte aus Zitronensaft (die man aufbügeln oder auf andere Weise erwärmen muss, um sie sichtbar zu machen) sind ihr Equipment. Gronau ist der internationale Schauplatz ihrer heißen Fälle, jeder bieder-brave Bürger kann der gröbsten Untaten verdächtigt werden. Dieser Kosmos aus wilden, über die dröge Realität gelegten Skripts mit komplett skurrilem Personal wird Udo zeit seines Lebens begleiten. Träumer, Spinner, Weltenbummler, Helden und Hasardeure sind es, die seine Fantasie beflügeln oder ihr gleich direkt entspringen. Verkrachte Alltagshelden und größenwahnsinnige Gossen-Genies. Udo steckt die allzu oft deprimierenden (und deprimierten) Nachkriegsexistenzen, die ihn umgeben, in zerschlissene Superheldenkostüme, klatscht ordentlich Farbe drauf … und macht sich so selbst zum Erzähler und Beobachter ihrer Possen. Mittendrin, aber immer ein bisschen drüber, ein Stückchen über dem Rest schwebt er, der Meisterdetektiv Lindenberg. Und so wird er es auch als Texter seiner Songs halten. Er ist ein Stan Lee der Randständigen oder, mehr noch, der Carl Barks seiner Bunten Republik, die sich von Westfalen aus den Rest des Landes locker einverleiben wird. Barks, der Ziehvater von Donald Duck, ist auch der Erfinder von Entenhausen und solch schrägen Vögeln wie Daniel Düsentrieb und Klaas Klever. Und der Sprung von Entenhausen zum Udoversum insbesondere der Siebzigerjahre ist kein großer.

Der Rolle des Detektivs bleibt Udo über die Jahre hinweg verbunden; sie erlaubt ihm, als auktorialer Erzähler in Erscheinung zu treten und dient ihm gleichzeitig als Inkognito. »Rund um die Uhr auf heißer Spur«, wie es 1980 in seinem Song »Detektiv Coolman« heißt. Im Jahr zuvor hatte er den Schnüffler bereits zur Hauptfigur eines ganzen Albums gemacht (*Der Detektiv*, 1979). Und dem Rocker und Nonkonformisten Lindenberg ging es bei all der Detektivarbeit natürlich immer auch ums Entlarven derer, die am Drücker sind. Wer, wenn nicht die Betrogenen und Hintergangenen, sind schließlich seine Auftraggeber?

Bis heute hat er Spaß am Versteckspiel, lässt sich manchmal in Hamburg in Lodenmantel und mit struppiger, schlecht platzierter Perücke sichten. Bei solchen *Auftritten* erinnert er vermutlich nicht nur zufällig an seinen Kollegen und Weggefährten Helge Schneider, der mit seinen abstrusen Kriminalgeschichten und Filmen über Kommissar 00 Schneider ebenfalls einen Meisterdetektiv eigener Güteklasse geschaffen hat. Naheliegenderweise haben die beiden auf Udos Comeback-Album *Stark wie Zwei* die Jazz-Nummer »Chubby Checker« eingesungen. Noch so ein Name aus dem kosmischen Comic-Udoversum, noch so ein verstrahlter Held, der munter »ins Blaue rein ahnt«. Und dann gibt es da natürlich noch diesen unvergleichlichen Moment, auf jedem einzelnen Konzert, wenn die erste Zeile seines Überhits »Horizont« aus Tausenden Kehlen in Richtung Bühne dringt: »Wir war'n zwei Detektive …«

Und ewig trommelt die Linde

»Die Trommelei«, sagt Udo, »ist schwer zu erklären, wie alle außerirdischen Phänomene«. Er muss das wissen, er ist ja selbst nicht so ganz von diesem Planeten. Das Trommeln ist ihm als zweite Sprache quasi zugeflogen. Für all den Kram, mit dem man ihn in der Schule triezt, muss er sich abrackern, wenn die Ergebnisse auch nur einigermaßen passabel sein sollen. Aber der Rhythmus liegt ihm im Blut. Und so trommelt der kleine Udo auf jeder Tischplatte, die ihm unter die Finger kommt. Trommelt zart, derb, panisch und entspannt. Beim Supermarkt um die Ecke holt er sich leere Fässer aus Blech und Pappe aus dem Müll, die Trommelstäbe werden eigenhändig »aus den Strünken von Grünkohl« geschnitten, »Strauchgewächse eigneten sich als Jazzbesen«. Beschwerden über sein Getrommel ignoriert er. In einer Welt, in der die Meinung der Jugend nichts zählt, hat er nun endlich einen Weg gefunden, sich lautstark mitzuteilen. Wie auch für Oskar Matzerath, den Protagonisten aus Günther Grass' Roman *Die Blechtrommel*, ist das Trommeln für Udo eine Möglichkeit zu protestieren. Gegen die piefige, feiertagsgestriegelte Gronauer Gesellschaft. Gegen »das Schweigen der Väter«, die die ganze »Nazischeiße« einfach nur vergessen wollen. Das Trommeln ist für Udo »so 'ne Art Triebtat mit Kontrollverlust«, seine Art zu sagen: »Ich mache euern Scheiß nicht mit.« Dass der Junge ein Naturtalent ist, entgeht indes auch dem Vater nicht, und der sonst so verdrießliche alte Lindenberg schenkt dem Junior eine Trommel, die dieser auch beim Schlafen noch in den Armen hält.

Die Musik, die den Rhythmus in Udos Leben vorgibt, kommt von den großen und kleinen Jazz-Kapellen aus den USA. Aber wie kommt der Knabe denn zum Jazz? Die Hitparaden-Erfolge der jungen Bundesrepublik – die Musik aus Udos Kindheitsjahren –, sind doch zumeist eher schwülstige Sehnsuchts-Sedative, die von fernen Ländern und Matrosen, vom Meer und von den Bergen handeln. Jazz dagegen ist doch eigentlich die Musik der Besatzer, eher eine Sache für Studenten und ähnlich zwielichtige Gestalten. Aber natürlich ist Jazz auch die Musik, die »der Existenzialist von Gronau« hört: Udos großer Bruder Erich. Benny Goodman und Charlie Parker legt der daheim auf den Plattenteller, und Udo hört zu, saugt alles auf. Der »große Bruder« ist ja in der Geschichte der Populärmusik ohnehin eine dieser Figuren, der nicht genügend Denkmäler gesetzt werden können: Wie viele Helden der Musikgeschichte haben zum ersten Mal Blut geleckt, als sie im Kinderzimmer den Songs lauschten, die der große Bruder – so viel cooler als man selbst, so abgeklärt allwissend – für gut befunden hatte?

Neben dem Hühnerstall der Eltern richten Erich und Udo sich einen »Jazzkeller« ein, einen Rückzugsort, an dem Udo ungescholten trommeln darf. Erich ist es auch, der den elfjährigen kleinen Bruder eines Tages mitschleppt in ein Gasthaus, in dem die regionale Old Time Jazz Band probt. »Könnte dich interessieren«, hatte Erich lapidar bemerkt. Und als der kleine Udo tatsächlich ans Schlagzeug darf, um mit den alten Jazz-Hasen den *Tiger Rag* zu spielen, ist es wie eine Offenbarung. »Wie ein Reißverschluss« passt eins ins andere. Kurzerhand beschließt der offizielle Schlagzeuger der Band, aufs Banjo umzusteigen. Udo hat den Job als neuer Drummer, von dem keiner wusste, dass er vakant war.

Udo hat nun eine Vorstellung davon, wie seine Zukunft aussehen soll. Er will »Trommelstar« werden. Deutsche Vorbilder sind da natürlich rar, und so fällt sein Blick über den Atlantik, wo Gene Krupa – Sohn polnischer Einwanderer – zum ersten echten Superstar an den Drums avanciert ist. Krupa ist nicht der klassische Schlagzeuger, der im Hintergrund agiert und das rhythmische Fundament für das Orchester liefert. Er ist, schlicht gesprochen, eine Rampensau – und er bringt das nötige Genie mit, um sein grenzenloses Selbstbewusstsein zu rechtfertigen. Wenn, dann so! Also trommelt Udo sich in den nächsten Jahren nach Krupas Vorbild durch die Jazz-Szene von NRW. Schon aufgrund seines Alters ist der Knabe zwischen all den Altgedienten ein Ereignis. Und dann ist da noch dieses unüberhörbare Talent, dieser treibende »westfälische Schinken-Groove«, wie er es später mal nennen wird. Mit 13 Jahren gewinnt er einen Wettbewerb und darf »sich jetzt den besten Nachwuchs-Schlagzeuger von Nordrhein-Westfalen nennen«. Vater Gustav kratzt aus den Ersparnissen sogar genug Geld für ein echtes Schlagzeug zusammen. Aber bei aller Liebe: »Trommelstar« ist natürlich Ende der Fünfzigerjahre in Gronau kein Beruf, nichts, womit man sich eine Lebensperspektive schaffen könnte. »Perspektive« bedeutet für Udo zwar hauptsächlich, Gronau zu verlassen. Allem Anschein nach wird er sich allerdings dennoch etwas anderes überlegen müssen.

Dass Udo letzten Endes kein Trommelstar geworden ist, ist hinlänglich bekannt. Trotzdem wird er die ersten zehn Jahre seiner Musikerkarriere an den Trommelstöcken verbringen. Die Rhythmusschule, durch die er gegangen ist, und das Gespür für das perfekte Timing, das hört man beides noch heute in seinem Gesang. Für ihn ist klar: Schlagzeug und Gesang gehören untrennbar zusammen: »Das ist synchron, wie 'ne Doppelmassage«, sagt er. Und auch sein unverwechselbarer Tanzstil hat seinen Ursprung in Udos Trommlerkarriere. Früher habe er ja gar nicht gewusst, wie das geht: tanzen. Mal abgesehen von »Knie einschieben, die Nässe überprüfen und an den Arsch packen«. Also tappt er unten mit dem Fuß seine unsichtbare Bassdrum, während die Hände oben die imaginierten Becken bearbeiten. Ganz easy: »Unten trommeln und oben abfedern. So entstand der Panik-Tanz.« Einen weiteren Vorteil hat die stapfende Beinarbeit ihm früher geboten, wenn er betrunken auf der Bühne stand.

Es hat geholfen, das Gleichgewicht zu halten, »um nicht auf die Fresse zu fliegen«.

Bei Live-Auftritten darf übrigens sporadisch mal ein anderer Trommel-Profi ans Schlagzeug, der – genau wie Udo – trotz seines nicht zu leugnenden Rhythmustalents andere Karrierewege eingeschlagen hat: Stefan Raab. Und wer Udo selbst mal in Aktion sehen will, findet bei YouTube ein Video, das ihn bei einer wunderbar idiotischen Aufführung seines Songs »Gerhard Gösebrecht« zeigt: Udo an den Drums und den Stimmbändern, und sein alter Mitbewohner Otto Waalkes liefert dazu die Pantomime (siehe Quellennachweis für den Link).

Wann, wenn nicht Jazz?

Anfang der Sechzigerjahre hat der Siegeszug des Rock 'n' Roll auch in der deutschen Kulturlandschaft zarte Spuren hinterlassen. Anfangs noch verschrien als Teufelszeug und Untergang einer ganzen Generation junger Menschen, hat die Wirtschaft schnell seine lukrative Zugkraft erkannt. Bluejeans und Petticoat, Schallplatten und Konzerttickets: Die Statussymbole der Gegenbewegung verkaufen sich bestens. James Dean, als sensibler, innerlich zerrissener Draufgänger der Prototyp des neuen Mannes, hat auch Udo beeindruckt. Allerdings ist Dean schon seit einer gefühlten Ewigkeit tot, während Adenauer als Kanzler einfach immer weitermacht. Udo ist ein Teenager mit viel Talent und einem Traum – nur einen Plan hat er nicht. Ein bisschen Kohle machen wäre jedenfalls nicht schlecht, so viel ist klar. Und raus aus Gronau, diesem öden Nest. Er will die Welt sehen. Oder wie er später singen wird: »Die beste Straße unserer Stadt, die führt aus ihr hinaus«.

Für Gronauer Verhältnisse ein Paradebeispiel an Weltgewandtheit ist Udos Freund Herm Eiling, der als Schiffssteward arbeitet. Wenn er sich mal in der alten Heimat sehen lässt, dann im feinen Zwirn und mit ordentlich Geld in der Tasche. Die Ausbildung zum Kellner, steckt er Udo, ist das Tor zur Welt. Also heuert Lindenberg junior mit 16 Jahren im Düsseldorfer Luxushotel »Breidenbacher Hof« an, 150 Kilometer von daheim, immerhin. Er wohnt zur Untermiete, in der Wohnung einer Kriegerwitwe »mit so 'ner Trauer im Gesicht«. 20 Mark Lehrlingsgehalt bekommt er im Monat. Für ein Hotelzimmer zahlt man 30 Mark die Nacht. Natürlich steckt die große weite Welt immer mal wieder die Nase durch die Tür, immerhin darf er Yehudi Menuhin und Maria Callas die Koffer schleppen. Aber Benjamin von Stuckrad-Barre beschreibt es in seinem Lindenberg-Lexikon sehr treffend: Beim oft erzählten »Vom Tellerwäscher zum Millionär«-Märchen gibt es einen Part, den Udo gerne skippen würde. Und es ist nicht der Millionär.

Trotzdem wäscht er nun also Teller, schleppt Koffer, leert Aschenbecher und steht um vier Uhr morgens auf, damit die Konfitürenschälchen für das Frühstücksbüffet befüllt sind, wenn die ersten Gäste in das Hotelrestaurant kommen. Zweifellos ist die Kundschaft im »Breidenbacher Hof« ein arg verschnöselter Haufen; insbesondere die Herren Generaldirektoren, die hier einkehren, sind es nicht erst seit dem einsetzenden Wirtschaftsboom der späten Fünfzigerjahre gewohnt, dass die

Welt nach ihrer Pfeife tanzt. Viele von denen haben ihre Schäfchen während der NS-Zeit ins Trockene gebracht.

Sooft es geht, sichert Udo sich nebenher Gigs als Drummer bei den Jazzbands, die in der Düsseldorfer Altstadt spielen. Die Nächte in den Clubs und Kneipen sind lang, es fließen jede Menge Schnaps und Bier – und Udo ist natürlich mittendrin. Dem Alkohol spricht er zu, seit er 13 ist. Anfangs hatte er von den Wirten nach den Shows noch eine Tafel Schokolade bekommen, aber schnell stellte er fest, dass Bier mehr Entspannung bringt. Und in so einer Jazz-Kombo ist der Alkohol ohnehin festes Mitglied im Ensemble.

Mit chronischem Schlafdefizit und mittelschwerem Kater hetzt Udo dann tagsüber durch das Hotel, hält Türen und die Hand auf – und sammelt Trinkgelder, so gut es eben geht. Aber Prominenz hin, Geldadel her: Nichts hier riecht nach großer weiter Welt. Und diesen Scheiß soll er nun die nächsten drei Jahre durchziehen? Udo muss hier raus, er braucht eine neue Haupteinnahmequelle. Passenderweise hat eine befreundete Jazzband sich gerade mit ihrem Schlagzeuger verkracht. Udo wird gefragt, ob er als festes Bandmitglied einsteigen möchte. Klar! Unbedingt! Nur muss er die Ausbildungsstelle loswerden, ohne selbst zu kündigen. Das käme ihn nämlich teuer zu stehen. Jazz- und suffbedingt bringt er im Hotel ohnehin nicht die beste Performance. »Nervenberg« nennt man ihn dort, »wegen seiner gelegentlichen Ungeschicklichkeit und übernächtigten Zittrigkeit«. Darauf lässt sich aufbauen. Tollpatsch, der er nun mal ist, fliegt bei ihm plötzlich das eine oder andere Tablett zu Boden, Gläser mit Kristallschliff und edles Porzellan gehen zu Bruch. Immer in der Hoffnung, dass die Scherben ihn seinem vermeintlichen Glück näherbringen. Laut Udo werden auch schon mal »statt des Nachtischs die dinierenden Edelleute flambiert«.

Im besten Haus der Stadt kann man sich so einen Clown nicht leisten, also wird er nach kürzester Zeit tatsächlich vor die Tür gesetzt. Dem festen Engagement als Drummer steht nun nichts mehr im Weg, denkt sich Udo – und wird bitter enttäuscht, als er den anderen die frohe Botschaft verkünden will. Man hat sich mit dem alten Schlagzeuger wieder versöhnt; Udo wird nicht mehr gebraucht. Gefühlt ist das schon der zweite Rauswurf an einem Tag. Er bunkert sich in seinem Zimmer ein und verbrennt frustriert einen Liebesbrief, in dem er seiner aktuell Angebeteten tags zuvor noch die gemeinsame Zukunft ausgemalt hatte. In Ermangelung eines Waschbeckens landet das kleine Flammenbündel im Papierkorb. Natürlich gibt auch das fast eine Katastrophe. Die Vorhänge fangen Feuer, Udo fackelt fast die Bude ab und muss noch am selben Abend seine Sachen packen und ausziehen; »kein Job, keine Bleibe, kaum noch Geld«.

Mit gerade erst 16 Jahren ist »Nervenberg« mit einem Mal ein ziemliches Wrack. Trost bieten ihm Gelegenheitsgigs und der Schnaps. Er zieht von einer vorübergehenden Bleibe zur nächsten und irrt nachts oft stundenlang ziellos durch Düsseldorf. Klar, alle Großen des Jazz hatten mit Alkohol und Drogen zu kämpfen, haben üble Zeiten durchmachen müssen. Aber Udo ist kein Großer. Der erste Platz in einem regionalen Nachwuchswettbewerb ist sein einziger Ruhm. Es wäre lachhaft verfrüht, wenn jetzt schon der Absturz folgen würde. Udo bemüht ein paar alte Kontakte und findet schließlich ein Engagement bei einer Gruppe namens Mr. Adams Jazzopators. »Drei, vier Auftritte die Woche in Norddeutschland und den Beneluxländern.« Das bedeutet ewige Fahrerei von Auftritt zu Auftritt, noch mehr Suff. Quasi zum Ausgleich versucht sich Udo an einem Musikstudium in Duisburg, muss aber schnell einsehen, dass sich beides nicht vereinen lässt. Nach kurzer Zeit schmeißt er schon wieder hin. Um trotzdem etwas mit Perspektive zu haben, schreibt er sich anschließend in Münster ein, ebenfalls zum Musikstudium.

Ein befreundeter Posaunist verschafft ihm schließlich ein Engagement »in einem amerikanischen Militärcamp der US-Airforce in Tripolis, Libyen«. Endlich etwas, das nach Welt klingt. Aber das Erwachen ist böse: Udo landet auf einem improvisierten Militärstützpunkt mitten in der Wüste. Nichts mit Land und Leuten, nur der elende, endlose Lärm der Flieger und ewige Hitze. Außerdem Whisky, der so billig ist, dass selbst ein mittlerweile hartgesottener Nachwuchs-Trinker wie er es nicht vermag, seine Gage komplett zu versaufen. Aber Udo bemüht sich redlich. Gigs an sechs Abenden in der Woche, dazu jede Menge Suff und wenig Schlaf. Zwischendurch verliert er seine Unschuld an eine italienische Prostituierte, als Letzter in einer Reihe von sechs jungen Männern.

Nach einigen Monaten geht Udo auf dem Zahnfleisch. Rien ne vas plus. Er ist deprimiert, muss hier weg, die Seele ist »wundgesoffen und ausgedörrt«, wie Hüetlin in seiner Lindenberg-Biografie schreibt. Als Mutter Hermine den Heimkehrer schließlich in Empfang nimmt, ist sie erschrocken, in welch desolatem Zustand der Junge sich befindet.

Wenn er nun wieder durch die Straßen von Gronau geht, dünnhäutig und angespannt, steht die Angst ihm ins Gesicht geschrieben. Angst vor der Welt und Angst davor, dass nicht genug harter Alkohol in der Nähe ist, um das zerfetzte Nervenkostüm jeden Abend wieder aufs Neue zu flicken. Ein zwischenzeitliches Engagement in Paris bestätigt ihm nur:

So kann es nicht weitergehen. Das Studium in Münster soll wieder Ordnung in sein Leben bringen – diesmal aber wirklich. Passenderweise kommt zu dieser Zeit auch ein Anruf von Steffi Stephan, einem Münsteraner Bassgitarristen, der eine Band namens Die Mustangs hat, für die er Udo als Drummer verpflichten will. Stephan, ein Jahr jünger noch als Lindenberg, erinnert sich mehr als 50 Jahre später an die erste Begegnung mit diesem Teenager. Daran, wie sie sich »eigentlich direkt ineinander verknallt« hätten.

Udo beschwatzt gleich Steffis Mutter, bis diese einsieht, dass das Talent ihres Sohnes gefördert werden will. Aus dem »Lehrling für Teppich, Fliesen und Linoleum bei Teppich Krukenkamp« wird ein weiterer Student der Musikhochschule Münster. Und Udo, der nun natürlich eine Bleibe in Münster braucht, zieht gleich bei Familie Stephan ein.

Mit Jazz ist es nun aber erstmal vorbei. Die Mustangs spielen Hits aus den Charts vor einem begeisterten Publikum. Moderne Beatmusik, wie man das damals nennt, »für die jugendlichen Fans ein Leckerbissen«. In den wohlwollend berichtenden Lokalmedien firmieren sie als »Amateure«, aber die fehlende Lebenserfahrung machen Sie durch Elan und ein straffes Programm wett. Bei bis zu acht Auftritten pro Woche grasen sie Münster und Umland nahezu komplett ab. Auch bis nach Aachen verschlägt es sie. Über 400 Teenager locken sie dort zu einer »Tanzveranstaltung der Pfarrjugend St. Fronleichnam«, über die sich auch »Stadtjugendpfleger Wolf« sehr erfreut zeigte. Die entsprechende Zeitungsnotiz belegt auch, dass Udo schon damals den anderen Leuten gerne das Reden abgenommen hat, und bezeichnet ihn als »temperamentvollen Schlagzeuger, der auch die Conference übernahm«.

An der Musikhochschule, die Steffi und Udo kaum je besuchen, setzt man den beiden jungen Herren indes die Pistole auf die Brust: Entweder sie nehmen das Studium ab jetzt ernst und hören mit ihrer »Hottentottenmusik« auf, oder sie verlassen die Schule. Die Entscheidung fällt beiden nicht schwer. Sie schmeißen das Studium. Für Udo ist all die neugewonnene Freiheit aber eigentlich nur ein Umzug in einen noch engeren Käfig: Er steht jetzt komplett unter der Fuchtel des Alkohols, sein Alltag ist streng reglementiert von der Furcht, plötzlich auf dem Trockenen zu sitzen. Die Gleise führen ihn nicht in Richtung Abenteuer, sondern in Richtung Absturz. »Ich hatte nur noch Restblut im Alkohol«, kommentiert Udo diese Zeit später.

Und dann wird der Pazifist Lindenberg zur Bundeswehr einberufen, »als Kanonier bei einer Raketenartillerie-Einheit in Wesel«. Biograf Hüetlin beschreibt die Sache als Glücksfall: eine Art betreuter Entzug mit jeder Menge körperlicher Ertüchtigung und Frischluft. Nach einem Vierteljahr ist Udo wieder fit und vital. Die vorgesehenen anderthalb Jahre will er diesen Spaß aber nicht mitmachen, vielen Dank. Er simuliert Wahnvorstellungen. Er weiß, wie die aussehen – in seinen heikelsten Phasen hatte er schon welche. »Gestört, aber frei und topfit« wird er aus dem Dienst entlassen. Na ja, man steckt ihn kurzzeitig in die Psychiatrie, aber immerhin findet er dort Zeit, eine schwülstige Schlagernummer namens

»Sommerliebe« zusammenzuschustern. Der Text klingt aber auch ein bisschen nach Klapse.

Von Hamburg nach München – und retour

Udo bleibt dem Alkohol erstmal abgeneigt und arbeitet stattdessen an Wegen zum Ruhm. In Gronau, so viel ist wiederum klar, kann er dafür nicht bleiben. Also geht es Ende 1968 auf nach Hamburg, wo die westdeutsche Musikszene doch eigentlich toben sollte. Wo, wenn nicht hier, sollte er seine Karriere anstoßen? Aber es läuft nicht so an, wie er sich das vorgestellt hat. Er findet zwar ein Zimmer, doch es dauert eine Weile, bis er ein paar Gigs klarmachen kann – obwohl er sich betont offenherzig zeigt: »Alle Menschen werden Brüder« hat er auf seinen Mantel geschrieben, und darunter: »Ich bin dein Freund, sprich mich an.«

Nach drei Wochen klappt es dann schließlich mit einem Engagement im »Jazzhouse«; durchaus eine respektable Adresse. Und anschließend dauert es nicht lange, bis Udo in der Stadt als feste Marke gilt. Wenn man einen zuverlässigen, stilistisch flexiblen Schlagzeuger sucht, ist man bei ihm an der richtigen Adresse. So landet er auch bei der Folk-Rock-Band City Preachers, bei der die junge Sängerin Inga Rumpf am Mikro steht. (Eine andere, ehemalige Sängerin der Band feiert in Deutschland zur selben Zeit mit Songs wie »Mein Freund, der Baum« und »Zigeunerjunge« beachtliche Solo-Erfolge: Alexandra wird nur sieben Monate später bei einem Autounfall tödlich verunglücken.)

Die 68er-Proteste haben die Gesellschaft sicher nicht von Grund auf umkrempeln können, aber für Udo und seine Altersgenossen ist in den Großstädten wie Hamburg und Westberlin doch eine neue Zeit angebrochen. Viele von ihnen – so auch er – leben jetzt in Wohngemeinschaften zusammen. Sexuelle Freizügigkeit, so der allgemeine Konsens, »begünstigt eine offene, friedliche Gesellschaft«. Udo spürt in sich zwar den Willen, Großes zu erreichen – zum Millionär will er es bringen –, aber er fühlt sich natürlich wohl in diesem Umfeld, das ihn Freigeist und Streuner sein lässt.

Vielleicht ist es gerade diese Freiheit, die ihm den Ansporn gibt, den er braucht. Als das neue Jahrzehnt beginnt, hat Udo, nun 23 Jahre alt, auch eine neue Band am Start: Free Orbit. Mit dem 15 Jahre älteren Fred Christmann, der auch das »Jazzhouse« betreibt, und einer Handvoll anderer Musiker spielt er eine Jazz-Rock-Fusion. Udo schreibt auch die Songs und die Texte, oft im Alleingang. Und als sie schließlich zehn der Nummern für ein Album aufnehmen, sitzt er nicht nur hinter den Drums, sondern steht auch als Sänger am Mikrofon. Eine ganz ungewohnte Rolle für ihn. Das ebenfalls *Free Orbit* betitelte Album verkauft aber lediglich enttäuschende 1000 Einheiten. Musikalisch ist das Ganze eine absolut solide Sache, hier sind hörbar Könner am Werk, aber die Songs mit Titeln wie »What Color Has The Soul« oder »All My Love Girl«, die sich an »amerikanischen Erfolgsbands wie Chicago oder Blood, Sweat & Tears« orientieren, bleiben vielleicht doch etwas zu hölzern, wenn man stattdessen auch die Originale kaufen kann.

Irgendwie kommt Udo in Hamburg nicht so richtig weiter, hat er das Gefühl, und so ist er dankbar, als eine echte deutsche Jazzgröße, Klaus Doldinger, ihn nach München lockt. Dort fährt Udo wenig später mit seinem verbeulten Renault zum Vorspielen vor. Es passt sofort, musikalisch und auch zwischenmenschlich: »Er war gleich mein Mann«, erinnert Doldinger sich 40 Jahre später. Als sie das Schlagzeug in Doldingers Wohnzimmer aufbauen, durchbohrt Udo gleich mal den Teppich und ruiniert das Parkett. Doldingers Ehefrau ist *not amused.*

Für Doldinger sitzt Udo wenig später auch am Schlagzeug, als der Komponist zahlreicher Film- und Fernsehmusiken die Titelmelodie für eine neue deutsche Krimireihe namens *Tatort* einspielt. Die Komposition wird heute noch verwendet; die Einspielung mit Udo war immerhin acht Jahre im Einsatz, bevor eine neue Fassung aufgenommen wurde. (Da war Lindenberg dann aber selbst bereits ein Name, der dem *Tatort* an Zugkraft in nichts nachstand.) Doldinger will musikalisch ebenfalls in diese Jazz-Rock-Fusion-Richtung, die den musikalischen Zeitgeist der frühen Siebzigerjahre ausmacht. Sein Vehikel dafür wird die 1971 eigens gegründete Band Passport sein. Auch hier ist Udo mit von der Partie, wenn auch nur beim ersten Album (ebenfalls *Passport* benannt).

In Hamburg hat Udo kurzerhand seine Zelte abgebrochen und ist stattdessen zu seinem Bruder Erich gezogen, der in München sein Glück als Kunstmaler versucht. Hier ist Udo ein Goldsucher von vielen. Sein Leben ist eine einzige Nachtschicht. Nach ein paar Wochen bei seinem Bruder besorgt er sich eine eigene Bleibe – nicht viel mehr als »eine unaufgeräumte Dunkelkammer mit Matratze«. Doldinger ist nur zehn Jahre älter als Lindenberg, aber wenn man ihm auf die Finger schaut, kann man das Business lernen – eine Qualität, die Udo bisher abgeht. Wer es nach ganz oben schaffen will, braucht in der Regel mehr als einen Traum und das nötige Talent. Man muss auch Plattenbosse und Buchhalter bei Laune halten und ihre Arbeit verstehen können.

Neben Doldinger gibt es bei Passport noch einen zweiten Saxofonisten, von dem Udo schwer beeindruckt ist: Olaf Kübler ist nicht nur ein absoluter Gott an seinem Instrument, sondern auch ein begnadeter Freestyler, was das Labern anbelangt. Die Texte für *Free Orbit* hatte Udo noch auf Englisch geschrieben, weil er sich sicher war, dass deutsche Texte in ihrer Biederkeit und Gelenksteife keine Message rüberbringen konnten. Olafs Sprache aber ist wild und fantasievoll, sie kann unglaubliche Haken schlagen und die Leute »beruhigen, amüsieren und anpeitschen«. Das ist inspirierend. Doldinger und Kübler nehmen den jungen Trommelstar unter ihre Fittiche. Und wenn Udo davon träumt, selbst im Rampenlicht zu stehen, holen die beiden ihn zurück auf den Boden der Tatsachen: Trommler, bleib bei deinen Drumsticks.

Kübler wird für Udo eine der entscheidenden Figuren der nächsten Jahre sein. Nicht nur – wie Udo selbst – als Gründungsmitglied von Passport, sondern später auch als Mitglied im Panik-Orchester. Zweifelsohne ist er Quell einiger Ideen und Sprachdrehungen, die Einzug ins Udoversum halten. Aber als er Ende der Siebziger plötzlich gerichtlich 500 000 Mark einklagen will, weil Udo in seinen Texten angeblich Formulierungen von Kübler verwendet hat, ist das für Udo eine klare Grenzüberschreitung. Nach einigem Hin und Her wird der Rechtsstreit 1981 außergerichtlich beigelegt. Als Kübler den Fall 2010 noch einmal vor Gericht bringt, ist selbst dem Richter unklar, was er damit bezwecken will. Nach wie vor streitet Udo nicht ab, dass Olaf Kübler ihm Inspiration für die eine oder andere Zeile lieferte. Aber was dieser behauptet – »stundenlang habe er damals mit Lindenberg zusammengesessen und getextet« – entbehrt jeder Grundlage. »Wir waren ja alle Sprücheklopfer und sind es heute noch«, sagt Udo diesmal vor Gericht. Und dort stimmt man ihm zu: »Aus Sprachfetzen kann man keine Urheberschaft ableiten.« Die Klage wird abgewiesen. »Es ist schade, wenn auf diese Weise eine Freundschaft zerbricht«, kommentiert Udo die ganze Sache.

Dann bekommt Udo ein Angebot, das er nicht ablehnen kann: Es gibt ein freies Tonstudio in Hamburg, das er vier Wochen lang kostenlos nutzen kann. Einen Produzenten gibt es – ebenfalls gratis – obendrauf: Thomas Kuckuck, der »mit exzellentem Gehör« aufwarten kann, bietet seine Dienste an. Also packt Udo einmal mehr seine Siebensachen und zieht zurück nach Hamburg.

Pö à Pö zum Ruhm

Auch in der Hansestadt kann man den neuen Zeitgeist nun deutlicher spüren als zuvor. Einer der alternativen Orte der Stadt ist seit dem Herbst 1970 das Jazzlokal »Onkel Pö«. Der Laden ist nicht viel mehr als ein »Schlauch mit Sperrmüllmöbeln«, aber im Laufe der Siebzigerjahre beginnen hier internationale Karrieren, zum Beispiel die des Jazzsängers Al Jarreau. (Auch Helen Schneider, die 1980 mit Udo auf Tournee gehen sollte, konnte hier erste Erfolge feiern.)

Dieses Auffanglanger für Gestrandete jeder Art und Karrieretransit für ein paar Begnadete zieht natürlich auch Udo sofort magisch an. Die Atmosphäre dort, dieser freie Geist, die endlosen Nächte – das kann ja nur »history in the making« sein. Es ist eine wilde Mischung aus »Profis, Halbmusikanten und Schluckspechten«, erinnert Udo sich später, »keiner wusste so recht Bescheid«. Und Steffi Stephan, nun wieder sein treuer Begleiter, nennt es damals liebevoll einen »riesenschönen Haufen von wunderbaren Spinnern.« Allerdings ist klar, dass »Onkel Pö« und Alkohol zusammengehören. Die Nächte werden hier mit Bier und Weinlikör durchzecht, und natürlich dauert es nicht lange, bis auch Udo wieder mit von der Partie ist. Seine Trommelkünste machen ihn schnell zu einer der Lichtgestalten im Pö, und wenn dann anschließend am Tresen geklönt wird, ist der Alkohol jetzt wieder sein bewährter Freund und Nervenschmeichler. Er macht die Dinge einfacher.

In diese Zeit fällt auch der Tod von Gustav Lindenberg. Der Mann, von dem Udo »die Craziness geerbt« hat, dem er aber Zeit seines Lebens nie so wirklich nahekommen konnte. Um die Familie steht es jetzt noch schlechter: Es ist niemand mehr da mit einem Einkommen; die Zwillingstöchter sind noch zu jung, die

Söhne haben sich beide für eine Laufbahn als Künstler entschieden. Udo spürt umso mehr den Druck, dass es jetzt endlich mal was werden muss mit seiner Musik. Das Ganze muss Kohle abwerfen. *Lindenberg*, das zweite, unter eigenem Namen veröffentlichte Album, bringt ihn diesem Ziel jedoch kein Stück näher. Weiterhin textet und singt er auf Englisch; das Porträt auf dem Cover, das sein Gesicht als einen Berg zeigt, aus dessen Gipfel eine Linde ragt, hat er selbst gezeichnet. Das Album verkauft 700 Einheiten – weniger noch als sein Debüt mit Free Orbit.

Natürlich sollen die englischen Texte ein Vehikel für einen internationalen Appeal seiner Musik sein, aber allmählich dämmert ihm, dass genau dieser Ansatz ihm im Weg steht. Sein Englisch reicht vielleicht aus für eine korrekte Grammatik und eine verständliche Aussprache, aber es bleibt hölzern. Er kann eine schlichte Message rüberbringen, aber eben kein Lebensgefühl, keine Haltung. Er nimmt sich vor, die nächste Platte auf Deutsch zu machen. Nur darf es eben kein Deutsch sein, das »Herz«‹ auf »Schmerz« und »Träume« auf »Schäume«

reimt. Die deutschsprachigen Hits des Jahres 1972 sind Tony Marshalls polternd-dümmliches »Komm gib mir deine Hand« (da »wird Rabatz gemacht, so lange bis die ganze Bude kracht«), Christian Anders' schwülstiges »Es fährt ein Zug nach Nirgendwo« (»Ich hab dich lieb, bitte glaube mir«) und Juliane Werdings bieder-betroffenes »Am Tag als Conny Kramer starb« (»Doch aus den Joints, da wurden Trips«). Alles drei abschreckende Beispiele.

Umso übler stößt es Udo auf, als seine Plattenfirma ihm aufgrund seiner schlechten Umsätze die Zusammenarbeit kündigen will – falls er sich nicht bereit erklärt, ausgerechnet jenen Song namens »Sommerliebe« aufzunehmen, den er in der Psychiatrie runtergeschludert hat. Zeilen wie »unsere Herzen blühten in den bunten Wäldern« sind das genaue Gegenteil von dem, was ihm vorschwebt. Aber Udo braucht das Geld. Er will in der Lage sein, seine Mutter zu unterstützen. Sie soll sehen, dass aus dem Jungen was geworden ist, dass er finanziell auf eigenen Beinen stehen kann. Es gelingt ihm immerhin, eine B-Seite durchzudrücken, die viel eher dem entspricht, was er sich für seine Zukunft so vorstellt: »Hoch im Norden«. Der Song ist ein wilder Mix aus Rock-Revue und Nordsee-Hymne; er kommt ohne Refrain aus, bietet dafür aber einige Tempowechsel und diesen herrlich albernen Text, der bei den Radiostationen viel besser ankommt als die schnulzige »Sommerliebe«. Immer wieder wünschen Leute sich den Song von diesem Typen, »der auf den Seehund gekommen ist«. Plötzlich hat Udo einen Radio-Hit vorzuweisen. Damit ist ihm der Plattendeal fürs nächste Album sicher.

Die Platte, die folgt – *Daumen im Wind* –, ist Udos erste deutschsprachige Langspielplatte und fällt insgesamt eher melancholisch aus. »Hoch im Norden« ist eher ein Ausreißer. Ansonsten findet sich Udo-typisches Fernweh, Sozialkritisches und mit »Alkoholmädchen« auch eine Nummer, in der er den ihn plagenden Dämon besingt, ohne sich selbst an den Pranger zu stellen. »Ich mach mir nichts aus Alkohol«, heißt es da, aber seine Angebetete, »dauernd voll«, landet schließlich zu spät im Krankenhaus und überlebt den Suff nicht. Ein Song mit einigen starken Zeilen, dem man aber eine lyrische Nähe zu »Conny Kramer« attestieren müsste, würde man nicht ahnen, dass Udo weiß, wovon er singt. (Außerdem lässt sich, wenn er den Song live performt, auf der Bühne eine junge Frau mit Bier übergießen; auch dies keine Aktion, die man von Juliane Werding geboten bekommen hätte.)

Das Album verkauft sich passabel genug, als dass ein nächstes hinterhergeschoben werden kann, und die Arbeit im Studio geht quasi nahtlos weiter. Udo, der aus dem Jazz kommt und eigentlich die Spontaneität einer Session zu schätzen weiß, überlässt nun nichts mehr dem Zufall. Ein Arbeitstag hat oft mehr als zwölf Stunden. Alle müssen ihr absolut Bestes geben. Manche Parts muss sein neugegründetes Panik-Orchester »30 oder 40 Mal wiederholen«. Mit von der Partie ist außerdem wieder Thomas Kuckuck als Produzent. Kuckuck versteht, wo Udo hinwill. Gemeinsam schleifen Sie an jedem winzigen Detail.

Das meisterhafte Resultat dieser Arbeit ist das Album *Alles klar auf der Andrea Doria* – und es ist anders als alles, was man hierzulande bisher gehört hat. Endlich eine deutschsprachige Platte, die nicht Schmiss hat, sondern Groove. Der süffisante Hedonismus des Titelsongs ist gleichzeitig liebevoller Abgesang und Ehrenrettung der kaputten Vögel aus dem »Onkel Pö«. Mit der Ballade »Wir wollen doch einfach nur zusammen sein« singt er ohne Peinlichkeit und fernab jeden Liedermachertums gegen die deutsche Teilung an. Mit »Ganz Egal«, einer der rockigsten Nummern der Platte, wischt er Geschlechter-Stereotype beiseite. In »Du heißt jetzt Jeremias« erklärt er sich quasi zum himmlischen Gesandten der deutschsprachigen Rockmusik. Und bei der Übernummer »Cello« kristallisiert sich aus der Zeile »Und überhaupt, das mit dir, das war so groß« heraus die ewige Udo-Frage: Wie kann jemand so sehr auf den Punkt kommen und dabei so verdammt beiläufig klingen?

Mit der *Andrea Doria* sticht Udo in bisher unbefahrene See. Ein großes, gewagtes Album, das nicht weniger als den Urknall deutscher Rockmusik darstellt. Sicher, zuvor hatte es bereits Ton Steine Scherben gegeben, die Band dieses Berliner Jungen, der damals noch Ralph

Möbius heißt und sich erst später mit Rio Reiser einen mehr als einprägsamen Namen zulegt. Aber deren wütender Protest kommt aus einer völlig anderen Ecke. Udo zieht den Hut vor den Scherben – aber sein Ansatz ist das nicht. Sein Protest liegt in der Lässigkeit der Ansage, in den entlarvenden »Merkste selbst, ne?«-Momenten. Wenn er der Gesellschaft einen Spiegel vorhält, dann folgt dem meist ein lässiger Spruch. Außerdem ist das alles von so hoher musikalischer Qualität, weil es eben vom Jazz geschult ist. Das panische Orchester kann sich mit spielerischer Souveränität verschiedenste Stile zu eigen machen.

Udo findet fast über Nacht in allen Radiostationen und wichtigen Publikationen des Landes statt. *Die WELT* schwärmt von seiner »lebendigen, rauh verputzten Poesie«, und die traditionell konservative *FAZ* attestiert ihm, »den Zeitgeist mit ungeheurer Präzision erfasst« zu haben. (Nur der *SPIEGEL* moniert die »hinkenden Versfüße« und die »klappernden Reime« als »zu naiv«, was aber eher nahelegt, dass man nicht wirklich verstanden hat, worum es hier geht.) Nach vier Monaten hat sich die Platte bereits mehr als 30 000 Mal verkauft, und bald schon werden es über 100 000 Einheiten sein. Indes hat Udo nicht nur den Zeitgeist in Musik gegossen, er wittert auch die Gunst der Stunde. Er pokert hoch, als es in die Verhandlungen für einen neuen Plattenvertrag geht. Bei WEA Music zieht man alle Hebel, um ihm die Rekordsumme von 500 000 Mark bieten zu können. Udo verlangt das Doppelte. Er will 1 Million, sonst gibt es keinen Deal. Was glaubt er denn, wer er ist? 1 Million können vielleicht die Stones für sich rausschinden, aber doch nicht dieser Typ aus der westfälischen Provinz.

Einen Tag später unterschreibt Udo beim Konkurrenten Teldec einen Vertrag über fünf Alben in den nächsten drei Jahren. Sein Vorschuss: 1 Million Mark. Erste Amtshandlung: Er mietet »eine weiße Limousine mit Fahrer und Mütze« und fährt nach Gronau, zur Wohnung seiner Mutter. Ausgestattet mit Champagner und Eierlikör fahren sie dann durch die Straßen von Gronau. Es dauert ein bisschen, bis Hermine sich auf das Spektakel einlassen kann, aber schließlich wird »majestätisch aus dem Wagenfenster gegrüßt«, damit das ganze Städtchen sehen kann: Der Udo von den Lindenbergs, diese schräge Type, hat es zu was gebracht.

So 'n richtig verschärftes Leben

Udos Bleibe befindet sich zu dieser Zeit im Hamburger Stadtteil Winterhude, im Rondeel 29. Dort, im ehemaligen Privathaus des kanadischen Botschafters, residiert die sogenannte Villa Kunterbunt, eine Wohngemeinschaft mit zeitweise 13 Mitbewohnern, zu denen auch Steffi Stephan und Otto Waalkes gehören – und immer mal wieder Marius, der Sohn des bereits verstorbenen Schauspielers Hans Müller-Westernhagen, der unter dem legendären Gustaf Gründgens am Düsseldorfer Ensemble gespielt hatte. Direkt hinter dem Garten der Villa liegt der Rondeelteich, der in die Alster übergeht. Bei nächtlichen Bootstouren hat Udo Marius die großen Ideen für seine *Andrea Doria* dargelegt. Auf der richtigen Spur sei man, erklärt Udo, »wenn schließlich alle einem bescheinigen, man sei nicht ganz dicht«. Am riesigen Esstisch der Villa hat Udo mit Otto Figuren wie Rudi Ratlos, Harry Hirsch, Gerhard Gösebrecht und Kommissar Kringel ersonnen. Und von hier aus ist er losgestapft, nachdem er seinen Mitbewohnern verkündet hatte, er werde nun mal eben einen Plattenvertrag über 1 Million Mark klarmachen.

1974 ist Udo also der deutsche Künstler mit dem dicksten Plattenvertrag und musikalischer Hoffnungsträger seiner Generation. Mit 28 Jahren gehört er nicht mehr zu den wirklich jungen Stars. Seine Sporen hat er sich in über zehn Jahren redlich verdient; nun muss er beweisen, dass er die Zügel fest in der Hand hält und weiß, wo es langgehen soll. Tatsächlich könnte man meinen, er hat sich mit der Frage, wie er das Niveau von *Andrea Doria* ein zweites Mal erreichen soll, gar nicht lange aufgehalten: Er überbietet es einfach. Das nächste Album, *Ball Pompös*, erscheint nur acht Monate später. Auch heute noch, 45 Jahre danach, ist diese Platte das 40-minütige Neue Testament deutscher Rockmusik. Wer keine Ahnung hat, was es mit dem Phänomen Lindenberg auf sich hat, wer im Zitieren des Gesamtwerks nicht weiterkommt als bis zum totgedudelten »Sonderzug nach Pankow«, der lege dieses Album auf. *Ball Pompös* ist Udos *Sgt. Pepper*, sein allzeit gültiger Beitrag zum Kanon der musikalischen Großtaten der Populärmusik. Es gelingt ihm jetzt, die Rolle als Sänger ganz auszufüllen. Die »dünne, schartige« Stimme, die der *SPIEGEL* ein paar Monate zuvor beanstandet hatte, trägt energische Rocknummern wie »Honky Tonky Show« mit souveräner Blasiertheit; und eine Nummer wie »Leider nur ein Vakuum« sollte man mit dicker, geschliffener Stimme bitte überhaupt nicht erst zu Gehör bringen. Sogar ein Gastauftritt im *Tatort* fällt im pompösen Jahr 1974 für Udo und das Panik-Orchester ab (Folge 45, *Kneipenbekanntschaft*).

Binnen weniger Monate holt er mit dem Album Gold. Dafür braucht es mehr als 250 000 verkaufte Exemplare – eine Marke, die er locker nimmt. Wo *Andrea Doria* der Fuß in der Tür war, da stößt *Ball Pompös* sie weit auf – und im Türrahmen steht Udo und erklärt der staunenden Menge, dass er den Laden nun übernehmen wird. Die Siebziger gehören von jetzt an ihm, dem Trommler, aus dem ein Rocksänger und ein echter Star geworden ist. Einer, der im Verlauf der nächsten Jahre eine Reihe von »wirklich monumenthaften Kreativexplosionen der Popgeschichte« vorlegen wird, wie Hüetlin treffend schreibt. Gemeint sind Alben wie *Votan Wahnwitz*, *Galaxo Gang*, *Sister King Kong*, *Panische Nächte* und *Dröhnland Symphonie*.

Udo lebt den *Rock 'n' roll Lifestyle*. Natürlich tut er das – wie sollte es denn sonst gehen? Er hat die nötige Kohle für ein paar Statussymbole und genug Selbstbewusstsein, um die Frauen von sich zu überzeugen. Vorbei die Zeiten, in denen er im »Onkel Pö«, in christlichen Jugendtreffs oder Hotellobbys aufgetreten ist. Er tourt jetzt mit seinem Panik-Orchester durch die großen Hallen. Es gibt niemanden in Deutschland, der auch nur ein annähernd vergleichbares Spektakel präsentieren würde.

Der Stress, dem er sich aussetzt, ist enorm. Ist ein Album im Kasten, wird meist gleich mit der Arbeit am nächsten begonnen; »dazu die vielen Konzerte multipliziert mit Udos Perfektionismus«. Es überrascht kaum, dass er in diesen Jahren wieder ein strammes Suff-Programm fährt. Um jede andere Droge machte er einen großen Bogen, aber der Alkohol bleibt, dieser miese, treue Freund, mit dem es noch gewaltiger wird, wenn es ohnehin schon gut ist. Und wenn die Dinge schlecht sind, dann lässt er dich erzählen. Immer denselben Quatsch, na klar; er will ja nicht, dass sich etwas ändert. Er will, dass du am nächsten Tag wieder bei ihm hockst. Der Suff nimmt so unkontrollierte Ausmaße an, dass die Ärzte ihm Distraneurin verschreiben, ein Medikament zur Behandlung von entziehenden Alkoholikern, das seit 1964 auf dem Markt ist (und heute noch genutzt wird). Es »wirkt dämpfend, schwächt Unruhe, Schweißausbrüche oder Zittern ab« und kann außerdem »Krampfanfälle verhindern«. Udo entzieht zwar nicht, pfeift sich aber munter die Tabletten rein, die in Zusammenwirkung mit Alkohol lebensbedrohliche Folgen haben können.

Bei all dem funktioniert er absolut zuverlässig. Album Nummer drei der panischen Zeitrechnung, *Votan Wahnwitz*, erreicht nach unglaublichen drei Tagen Goldstatus. Die Tatsache, dass ihm ein ganzes Land plötzlich zuhört, wenn er singt, wenn er redet, schmeichelt natürlich auch seiner Eitelkeit. Udo ist überzeugt: Wenn er bei der nächsten Wahl empfehlen würde, nicht Kanzler Schmidt und seine SPD im Amt zu bestätigen, sondern stattdessen die CDU zu wählen, »dann würde die CDU die Wahl gewinnen«. Macht er nicht, er ist ja immerhin der »Proletarier im Showgeschäft«, wie Wolf Biermann ihn nennt. Ein Proletarier mit jeder Menge Kohle auf dem Konto, indes.

Man kann sich diese Jahre vermutlich als riesigen Kraftakt vorstellen. Da ist dieser Junge aus ärmlichen Verhältnissen, ein klassisch Geschädigter der ersten Nachkriegsgeneration, der sich mehr als zehn Jahre lang geschunden hat, bis endlich der Durchbruch kam. Und nun muss er das alles unter einen Hut bringen: Die Karriere und die damit einhergehende Verantwortung für sein Panik-Orchester und die komplette Entourage. In seiner ersten allein bezogenen Wohnung reiht sich Aktenordner an Aktenordner, denn wenn er nicht der Rocker Lindenberg ist, muss er dafür sorgen, dass seine Finanzen in Ordnung bleiben – und das als jemand, der ewig für Bier, Schnaps und ein paar Scheine auf die Kralle gespielt hat. Er ist jetzt eine Marke. Bereits 1975 erscheint ein erstes Udo-Lindenberg-Buch. Und auch wenn er seine Bedeutung auf die nächste Bundestagswahl vielleicht etwas zu hoch einschätzt: Er ist mit seinen gesellschaftspolitischen Statements ein Meinungsmacher, nicht nur jemand, zu dem jeder eine Meinung hat.

1976 legt Udo noch mal einen Zahn zu. Im Abstand von wiederum nur zehn Monaten erscheinen mit *Galaxo Gang* und dem punkigen *Sister King Kong* zwei Alben. Dazwischen legt er noch eine Art Werkschau vor, *No Panic on the Titanic*, auf der er elf Songs der letzten Alben in englischer Sprache vorträgt – ein Schachzug, den vor ihm schon Reinhard Mey versucht hat und der später auch für Herbert Grönemeyer keinen Erfolg auf dem englischsprachigen Markt bringen wird. Es wird nicht das letzte Udo-Album dieser Art bleiben, was eben auch bedeutet: Der Mann verkauft so dermaßen gut, wollen wir doch mal sehen, was sich international draus machen lässt. Aber

Lindenberg gilt nicht umsonst als Pionier einer deutschen Rock- und Pop-Sprache. Er hat das Deutsche so weich und geschmeidig getrommelt, dass es nicht überrascht, wenn eine Übertragung ins Englische plötzlich wieder steif klingt.

Das »Büro Lindenberg« leitet damals eine junge Hessin namens Ulla Meinecke, die Udo bei ihren Ambitionen unterstützt, selbst in der Musikbranche Fuß zu fassen. Ihr erstes Album *Von toten Tigern und nassen Katzen* (1977) ist nicht nur von Udo Lindenberg produziert, er schreibt auch die Musik. Mit Titeln wie »Ex und Hopp Mann« steht Meinecke für einen klar feministischen Ansatz. Wie fast alle Männer mag Udo auf diesem Gebiet blinde Punkte haben, aber in Sachen Gleichberechtigung der Frauen und Anerkennung von Minderheiten bezieht damals kaum ein männlicher Künstler so deutlich Stellung wie er.

Kein dröhner Land hier weit und breit

Der oben schon erwähnte *Rock 'n' Roll Lifestyle* hält sich eigentlich in Grenzen, was das Leben auf Tournee anbelangt. Ein paar Kollateralschäden bleiben vielleicht nicht aus, aber alles in allem kommt es weder vor noch auf oder hinter der Bühne zu Hysterien oder Exzessen. Udos erster Konzertveranstalter Hans-Werner Funke sieht das anders. Udo, so lässt er allen Ernstes öffentlich verlautbaren, »benimmt sich auf der Bühne pervers, gebraucht schockierende, obszöne Gesten« – für einen Rockstar quasi ein Empfehlungsschreiben, wenn auch selbst schon diese Schilderung übertrieben ist. Und spätestens, wenn er weiter beklagt, die laufende Tournee sei »eine Tournee des größten Ärgers – eine Panik-Tournee«, muss jeder tüchtige Geschäftsmann einen Werbegag vermuten. Weit gefehlt: Mit diesen Worten kündigt Funke die Zusammenarbeit auf.

Das passt ganz gut. Schon jetzt sind Udos Konzerte ein wildes Ereignis, da braucht er keinen »zornigen Jugendherbergsvater«, bei dem die jungen Leute zwar das Geld ins Haus schleppen, aber bitte nicht die Füße auf den Tisch packen dürfen. Und Udo denkt sich das alles ohnehin noch eine gute Nummer größer. Fritz Rau ist dafür der richtige Mann. Er hatte Tourneen für die Größten der Großen organisiert, Marlene Dietrich, Jimi Hendrix, Led Zeppelin, die Stones. Mit der »Geld spielt keine Rolle«-Attitüde echter Showbiz-Hasen machen Fritz und Udo sich an die Planung für ein Show-Spektakel ohnegleichen. Für die Regie wird Peter Zadek verpflichtet, der damals Intendant am renommierten Schauspielhaus in Bochum ist und dessen Shakespeare-Inszenierungen legendär sind. Nun inszeniert er statt Hamlet und Othello das lindenbergsche Figurenkabinett: Rudi Ratlos, Johnny Controlletti und die dicke Elli Pyrelli – sie alle sind live zu bewundern, als Udo 1979 seine aktuellen Platten, *Dröhnland Symphonie* und *Rock Revue*, auf die deutschen Bühnen bringt. »Die Produktionskosten pro Abend belaufen sich auf 70 000 DM.« 18 Mark kosten die Tickets. Gerade manch ein junger Fan stürzt sich damit in Unkosten, bekommt dafür allerdings auch ein mehr als dreistündiges Event geliefert, das die Grenzen des bisher Dagewesenen sprengt.

Die Tournee ist ein phänomenaler Erfolg, auch wenn eine naserümpfende Kritik in der *ZEIT* deutlich macht, dass Lindenberg eher zu der Jugend spricht. Statt Saft, wird dort moniert, bestellen in der Pause »neun von zehn Jugendlichen, Heranwachsenden oder soeben Herangewachsenen Bier«. Und mit spürbarem Widerwillen gibt der Rezensent zu Protokoll: »Er [Udo] teilt seinen Vorschlag mit, die Homosexuellen zu achten«. *ZEIT*-Autor Manfred Sack, so viel scheint klar, lehnt solcherlei Vorschläge ab.

Dieses Konzert in der Stadthalle Bremen, über das die *ZEIT* Ende Januar 1979 berichtet, ist der Tournee-Auftakt. Udo entschuldigt sich für seine schwache, hörbar erkältete Stimme. »Die muss sich erst an die Tournee gewöhnen.« Die Wahrheit ist: Er ist am Ende seiner Kräfte. Die Vorbereitungen waren ein Spießrutenmarathon, wenig überraschend passen die Arbeitsweisen von Zadek und dem von ihm zu Statisten degradierten Panik-Orchester so gar nicht zusammen. Die Kosten explodieren. Zadek ist es gewohnt, dass seine Produktionen staatlich subventioniert werden und er sich um die Finanzierung keine Gedanken machen muss. Zwischen Konzertveranstalter Fritz Rau und Udo immerhin hat sich in kürzester Zeit eine enge Freundschaft entwickelt. »Er ist wie ein Vater für mich«, wird Udo später sagen. Fritz glaubt an ihn, und er möchte, dass all die großen Ideen Wirklichkeit werden. Nur so ist zu erklären, dass er nicht die Reißleine zieht, sondern Zadek gewähren lässt. Dass Udo – der Star, dessen Name das Projekt erst möglich macht – schließlich aus freien Stück anbietet, auf eine feste Gage zu verzichten und sogar eventuelle Verluste zur Hälfte zu schultern, hat Rau in seiner ganzen Laufbahn noch nicht erlebt. Er ist tief berührt über diese Geste aufrichtiger Freundschaft.

Während der Proben erfährt Udo außerdem, dass seine Mutter Hermine einen Hirntumor hat. Er holt sie zu sich nach Hamburg, in die eigene Wohnung, um wann immer möglich bei ihr sein zu können. Das Leiden der Mutter bricht ihm das Herz. Ihr Kampf ist aussichtslos, daran können auch die renommiertesten Ärzte nichts ändern. Bei den Proben versucht Udo derjenige zu sein, der alles zusammenhält. Mit Zadek lässt er sich kurz vor der Tournee in den *Tagesthemen* interviewen. Medial ist er damit »ganz oben« angekommen, »zwischen Helmut Schmidt und den Genfer Abrüstungsverhandlungen«. Am Bett der sterbenden Mutter schaut Udo den Beitrag schließlich im Fernsehen an, damit sie weiß: Ihr Junge hat seinen Weg gefunden.

Zuletzt steht Hermine unter Morphium, ist kaum noch bei Bewusstsein. Noch während die Tour läuft, stirbt sie. Die Trauer und der Schmerz ziehen Udo den Boden unter den Füßen weg. Er trinkt bis zur Besinnungslosigkeit, die Tour muss unterbrochen werden. Sechs Wochen später können die letzten Konzerte nachgeholt werden; Udo ist noch immer in desaströser Verfassung, rund um die Uhr stark alkoholisiert und kaum zurechnungsfähig. Nach der letzten Show flieht er nach New York. Dort, im Luxushotel Waldorf Astoria, geht das Saufen weiter, bis er tatsächlich die sprichwörtlich gewordenen weißen Mäuse sieht. Delirium tremens, das Entzugsdelirium, das bei starken Trinkern auch im Vollrausch auftreten kann. Halluzinationen, insbesondere von Tieren, treten in etwa einem Drittel der Fälle auf. Hermines letzte Worte an ihn: Er solle auf sich aufpassen. Nur diese letzte Bitte hält ihn noch davon ab, sich aus dem Fenster zu stürzen.

Lindianer und Oberindianer

Der Tod der Mutter läutet eine Phase lindenbergscher Nüchternheit von etwa sechs Jahren ein. Man muss Udos Nüchternheit dieses ihm vorbehaltene Adjektiv voranstellen, denn damals wie heute trotzt seine Art nüchtern zu bleiben allen suchttherapeutischen Erkenntnissen. Udo schafft es sechs lange Jahre lang, immer mal wieder ein klein wenig zu trinken, um dann mit Bestimmtheit Schluss zu machen, wenn jeder andere Alkoholiker sagen würde »Ach, was soll's!?« und noch zwei Flaschen an der Tanke kaufen ginge.

In dieser Zeit, zu Beginn der Achtzigerjahre, bemüht sich Udo außerdem um eine künstlerische Neuaufstellung. Er ist jetzt Mitte 30, das von ihm erfundene Figurenkabinett hat Kultcharakter und längst Einzug in die deutsche Alltagssprache gehalten. Aber nach dem Vietnamkrieg, dem NATO-Doppelbeschluss und einem allgemeinen Siegeszug vermeintlicher »Realpolitik« möchte Udo sich in der Öffentlichkeit bewusster politisch positionieren. Er ist ein wenig gehemmt. Er hat gerade so den Realschulabschluss geschafft, weiß, dass er von den meisten Feuilletonisten herablassend als dieser »Proletarier im Showgeschäft« gesehen wird, den Biermann eigentlich so wohlwollend in ihm erkannt hatte. Aber er ist politisch am Ball, er hat eine Meinung, und er »kann solche Sachen gut übersetzen für das große populäre Theater«.

1981 erscheint der Song »Wozu sind Kriege da?«, gesungen in weiten Teilen von dem damals zehnjährigen Pascal Kravetz. Das bewusst naive Infragestellen der Notwendigkeit von Kriegseinsätzen ist ein gefundenes Fressen für die Kritiker. Die schlicht gestellte Frage, ob man all die Konflikte nicht friedlich lösen kann – das ist doch weichgespülte Idiotie. Dass junge Männer an die Waffen geschickt werden müssen, um nationale Interessen zu verteidigen, über die andere entscheiden, gilt als alternativlos. Als »schmalzige Kitschballade« und »unverzeihlicher Fehler« wird der Song bezeichnet. Ein gewisser Nathan Nörgel – als hätte Udo sich den Namen selbst ausgedacht – schreibt im *European* noch 30 Jahre später, dass die »eigentlich fast unerträgliche« Nummer zumindest »besser und gefühlvoller als die Friedenslieder der DDR-Bands« gewesen sei.

Doch ob es nun seine immer wieder vorgetragene Forderung ist, die beiden deutschen Staaten mögen sich einander annähern, oder ob es seine Appelle für mehr Umweltschutz und Gleichberechtigung sind: Udo wird sich die Gabe bewahren, sich über Unrecht zu empören und dagegen anzusingen. In seiner Hoffnung auf ein »Udopia« ist er nie Opportunist gewesen, sondern Mitkämpfer seit der ersten Stunde.

Ganz oben auf seiner Liste, wie gesagt, die Wiedervereinigung. Schon in den Siebzigern macht er klar, dass er für die Menschen in der DDR singen will: Oder sollte etwa, fragt er in seinem Song »Rock 'n' Roll Arena in Jena«, die DDR »in Sachen Kulturaustausch weiterhin die Deutsche Desillusions-Republik« bleiben? Sein Livealbum *Livehaftig* (1979) erscheint mit zwei Jahren Abstand auch beim ostdeutschen Plattenlabel Amiga, gefolgt von zwölf Lindenberg-Songs als einer Art »Best of«. Ebenfalls seit Mitte der Siebziger existiert eine Stasiakte über Udo. Eine Notiz von 1976 erfasst ihn dort als einen vom Jugendmagazin *BRAVO* »publizistisch als ›Star‹ im sogenannten Show-Geschäft« aufgebauten Musiker. Er gilt als »gleichgültiger, pessimistischer Mensch«, der »betont anarchistisch« auftritt. So einer ist natürlich unerwünscht. »Auftritt in der DDR kommt nicht in Frage«, besagt eine weitere Notiz. Dieser Entschluss wurde dann Anfang 1983 doppelt und dreifach zementiert, als Udo mit seinem Song »Sonderzug nach Pankow« den bis dato größten Hit seiner Karriere landet: Nummer 5 in der Hitparade, sieben Wochen lang in den Top Ten. Aber dass er Honecker als »Oberindianer« bezeichnet, als »sturen Schrat«, der »mal locker machen« soll, das ist für die DDR »ein Fall von absoluter Majestätsbeleidigung«. Udos Traum vom Auftritt scheint damit in weite Ferne gerückt.

Letztlich sind es seine Kontakte, die es ermöglichen, dass Udo eingeladen wird, 1983 im Rahmen des Festivals »Rock für den Frieden« im Palast der Republik aufzutreten. Sein Vertrauter Michel Gaißmayer hat als Mitglied des Westberliner SED-Ablegers SEW Zugang zum FDJ-Chef Egon Krenz. Dank ihm kann Udo in einem Schreiben an Erich Honecker versichern, dass sein »Sonderzug nach Pankow« nicht dazu gedacht war, den Herrn Staatsratsvorsitzenden »zu diskreditieren«. Den eigentlichen Ausschlag vermag dann allerdings Fritz Rau zu geben, der in Deutschland auch die Konzerte für Weltstar Harry Belafonte organisiert, den die DDR nur allzu gern beim Festival präsentieren würde. Rau ist der Mann, der das möglich machen kann – wenn Udo im Gegenzug ebenfalls auftreten darf. Für das Folgejahr wird außerdem eine richtige Tournee durch die DDR ausgehandelt. Es gibt schließlich zahllose Lindianer in der DDR, treue Fans, die alles dafür gegeben hätten, ihr Idol einmal live zu sehen.

An jenem 25. Oktober 1983 indes werden im Publikum 4200 FDJ-Funktionäre und andere treu auf Parteilinie getrimmte Menschen sitzen. In seinem weißen BMW-Coupé passiert Udo zur Mittagszeit den Grenzübergang an der Invalidenstraße. Begleitet wird er unter anderem von einem jungen Kameraassistenten der ARD, der einen Teil des Filmmaterials später in dem Dokufilm *Die Akte Lindenberg – Udo und die DDR* verwenden wird. Reinhold Beckmann ist sein Name.

Udo würde sich drüben nicht den Mund verbieten lassen, hatte er angekündigt, aber weil er ja »Freunde besucht, die er noch nicht kennengelernt hat«, steigt er erstmal mit einem gut gelaunten »Tachchen!« aus dem Wagen. Bei einer gemeinsamen Pressekonferenz mit Harry Belafonte werden insgesamt nur sieben Fragen zugelassen, und das bei 83 Journalisten aus dem »NSA« (nichtsozialistisches Ausland). Udo schafft es trotzdem, sich für die

Abrüstung *auf beiden Seiten* auszusprechen. Später, beim gemeinsamen Essen im Lindenrestaurant, prosten sich Egon Krenz und Udo zu – mit Buttermilch.

Währenddessen stehen bereits zahlreiche enttäuschte Udo-Fans vor dem Palast der Republik. Es wird als »skurril« empfunden, dass die ganzen parteitreuen Funktionäre, die Udo erst gar nicht auftreten lassen wollten, »ihn nunmehr für sich und abgesichert konsumieren wollen«. Dass von oben außerdem die Weisung kommt, nur sparsam zu applaudieren, sorgt für umso mehr Verdruss. Hunderte Fans – der *SPIEGEL* schreibt von mehr als Tausend – warten draußen. Aber was soll Udo machen? Rhetorische Frage, ne? Natürlich einen Fluchtversuch wagen. Er müsse mal die Nasszelle aufsuchen, sagt er. Natürlich wird er von einem Parteifuzzi begleitet, der allerdings tatsächlich zur Toilette muss. Das ist das Signal für Udo: Ab durch die Mitte und nach draußen, wo die echten Fans mit ihren »Udo! Udo!«-Chören ausharren. Udo ruft ihnen zu, der Vertrag für die Tournee durch die DDR sei »in der Tasche«. Die Fans rücken so dicht es geht heran, nehmen ihren Helden auf die Schultern. Schließlich muss Udo in ein Auto flüchten, bevor es zu Tumulten kommt. Am Abend bringt er dann in 20 Minuten seine vier abgenickten Songs vor den »FDJ-Mumien« über die Bühne. »Weg mit allem Raketenschrott«, fordert er offen. »Keine Pershings und keine SS-20.« Dass zur selben Zeit die »mit großer Brutalität vorgehenden Staatsorgane« draußen den protestierenden Fans zu Leibe rücken, bekommt er nicht mit. Seine Tournee für das kommende Jahr wird von der DDR-Regierung wenig später abgesagt. Udos langgehegter Traum vom Auftritt in der DDR wird also Wirklichkeit – jedoch nicht ohne schalen Beigeschmack.

Dafür erhält Udo im Sommer 1985, ein paar Monate nachdem Michail Gorbatschow im März als Generalsekretär der Kommunistischen Partei die Führung der Sowjetunion übernommen hat, die Gelegenheit für eine Reihe von Auftritten in Moskau. Er tourt mit der landesweit verehrten Ikone Alla Pugatschowa. Vermittler war hier wiederum Michel Gaißmayer gewesen. Diesmal aber nicht dank seiner politischen Kontakte, sondern weil er die von Herpes geplagte Sängerin bei einem ersten Treffen mit einer lindernden Salbe gütig stimmen konnte. (Er kannte das Problem selbst und hatte die Salbe daher immer am Mann.) Pugatschowa, die von Udos eigenwilligem Charme anfangs wenig begeistert war, legt ihre Skepsis bald ab. Bei einem Auftritt vor 30 000 Menschen erklärt sie, man solle sich von dem seltsamen Hut und seinen komischen Bewegungen nicht täuschen lassen: »Er hat ein gutes Herz.«

Auch in Sachen DDR bleibt Udo am Ball. Er will diese verdammte Tournee. Seine »Udoplomatie« bringt ihn auf die Idee, Honecker eine Lederjacke zu schicken. Begleitet von einem Brief, der mit einem schwungvollen »Hallöchen Honey!« beginnt. Er kritisiert ungeniert »das hirnlose Vorgehen der Rudi-Ratlos-Gangs von der Vopo« und fragt einfach mal ganz unverbindlich und direkt an: »Hörst du deine Dröhnung noch immer heimlich auf dem Klo?« Formvollendet schließt er mit den Worten: »Mehr flexibel und mehr frei, mehr sensibel und mehr high.« Honey bringt genug

Contenance auf, mit einem freundlichen, protokollarisch korrekten Schreiben zu reagieren. Die Lederjacke möchte er dem Zentralrat der FDJ übergeben, damit sie den Weg zu einem Rockfan findet (ein VEB für Jugendmode in Rostock wird sie stattdessen ersteigern), außerdem schickt er Udo eine Schalmei und wünscht: »Viel Spaß beim Üben.«

Zu einer echten Begegnung der beiden kommt es schließlich auch noch: Als der inzwischen bereits 75 Jahre alte Honecker 1987 auf Staatsbesuch in der BRD ist, nutzt Udo die Gelegenheit, um persönlich vorbeizuschauen und seinem Honey eine E-Gitarre vorbeizubringen. »Gitarren statt Knarren« hat er als Losung darauf geschrieben, und während Erich versucht, sich endlich mal wieder wie ein echter Staatschef hofieren zu lassen, sprengt Udo das Ganze mit der Ansage: »Nicht zu viel Protokoll und nicht zu wenig Rock 'n' Roll.« Der sichtlich überforderte Honecker – Was will dieser ungepflegte Hippie-Zausel von ihm? – stammelt ein paar Floskeln und schafft es gerade so, einer »offiziellen« Erklärung zu entkommen, die Udo vorbereitet hat und verlesen will. Ja, ja, vielen Dank, bald dann mal, in der DDR. Und mit einer fast sechs Kilo schweren E-Gitarre in den Händen ergreift er die Flucht.

Offene Straßen

Mit elf Studioalben und einer Live-Doppel-LP legt Udo in den Achtzigerjahren ein Pensum vor, bei dem kaum sonst jemand mithalten kann. Das Jahrzehnt eingeläutet hatte er mit dem Kinofilm *Panische Zeiten*, in dem er eine Doppelrolle als er selbst und Detektiv Coolman spielt. Udo schrieb das Drehbuch und führte auch Regie, außerdem schrieb er natürlich die Filmmusik und produzierte die Komödie auch gleich selbst. Der Plot in einem Satz: Udo Lindenberg wird entführt, von Coolman gesucht und befreit; anschließend wählt man ihn zum Bundeskanzler. Und warum auch nicht?

Mit Alben wie *Keule* und *Götterhämmerung* bricht er immer wieder in neue musikalische Gefilde auf. Ob Punk oder Disco-Funk – Udo wird nicht müde, Neues zu probieren. An der Liebesfront gäbe es auch jede Menge Schlagzeilenpotenzial, wenn Udo die Beziehung zu seiner 14 Jahre jüngeren Geliebten nicht geheim halten würde. Susanne ist Anfang 20 und gerade erst selbst erfolgreich in der Musikbranche durchgestartet. Unter dem Namen Nena hat sie die Hitparaden mit Songs wie »Nur geträumt« und »99 Luftballons« extrem erfolgreich umgekrempelt. Wenn die beiden gemeinsam bei Udo im Hotel ankommen (ab Mitte der Achtziger etwa wird Udo nur noch in Hotels wohnen), dann befindet sich Nena gerne mal im Kofferraum des Wagens oder spaziert als saudi-arabische Cousine in Burka durch die Tür. Die Sache zwischen Udo und seiner »Pop-Praline« dauert indes wohl nicht mal ein Jahr, aber erst Jahre nachdem schon alles vorbei ist, machen die beiden ihre Affäre öffentlich.

Eine kleine kolportierte Geschichte besagt außerdem, dass er nach der Liaison mit Nena in Brasilien eine neue Herzensdame erobert und sich auch gleich mit einem Heiratsversprechen an sie binden lässt. Die Beziehung geht in die Brüche, und als die Dame ihn im Hotel stellt, fackelt sie nicht lange, sondern zieht ein Messer aus ihrem Strumpfband und attackiert ihn. Die Narbe am Kopf, erzählt Lindenberg irgendwann einmal dem Magazin *FOCUS*, sei der Grund, warum er seitdem nicht mehr ohne Kopfbedeckung zu sehen sei. Ob's stimmt, weiß man nicht. Was man aber weiß: Das Hut-Modell, das Udo seit den Achtzigerjahren meistens trägt, hat er jedenfalls etwa zu dieser Zeit in einem Laden in New York entdeckt. Es ist ein Stetson, Modell »Open Road«. Mittlerweile bezieht er seine Hüte gleicher Machart bei der Allgäuer Hutmanufaktur Mayser, die ihren Sitz im Landkreis Lindau hat. Genauer: in der Stadt Lindenberg.

1984 ist Udo wieder im Kino zu sehen – allerdings eher in kleinen Häusern. Der Film *Super* von Regisseur Adolf Winkelmann wird in der Kritik zuweilen zwar etwas ratlos, aber durchaus positiv besprochen. Ein dystopischer Streifen mit Hannelore Hoger und der »Ruhrpott-Duse« Tana Schanzara. Udo, von Winkelmann als »wunderbar miserabler Schauspieler« gelobt, spielt neben der DÖF-Sängerin Inga Humpe, die auch als Sängerin des Pop-Duos 2raumwohnung noch gute 15 Jahre später zum x-ten Mal die deutsche Musiklandschaft prägen wird. Die Zeit bringt den Film wunderbar auf den Punkt: »Nichts stimmt, nichts passt zusammen. Alles stimmt, alles passt zusammen.«

Die Panik-Orchester-Tourneen dieser Jahre werden von den meisten Musikern dauerbreit absolviert. Alkohol ist sowieso *das* Grundnahrungsmittel für alle außer Udo. Bier, Wein und Whiskey werden jeden Tag in großen Mengen neu in den Tourbus geladen. In jener Zeit liegt tatsächlich hinter der Bühne ein Testgerät bereit: Mit unter 0,8 Promille (andere Quellen sagen: unter 1,3 Promille) darf keiner auf die Bühne, außer natürlich Udo selbst. Wer vorher nicht genug getankt hat, wird noch mal zurückgeschickt. Außerdem putschen die Musiker sich abends mit Speed und Kokain auf, mit Hasch holen sie sich tagsüber während der langen Fahrten im Bus wieder runter. Ein Meister der Selbstbeherrschung, wer hier an der selbst gewählten Nüchternheit noch festhalten kann. Udo kriegt es irgendwie hin. Wenn sein Panik-Orchester Hotelzimmer zerlegt oder die Bar bis auf den letzten Tropfen plündert, glättet er am nächsten Tag die Wogen bei der Hotelleitung und kommt für verursachte Schäden auf.

Vielleicht ist er auch einfach ein bisschen zu alt für das wilde Leben? 1986 wird Udo 40 Jahre alt. Seit einem Vierteljahrhundert ist er als Musiker unterwegs. Seit guten 13 Jahren ist er ein Star. Sein Image ist jedoch in dieser Zeit im Wandel begriffen. Natürlich bleibt es in diesem Business nicht aus, dass es mittlerweile jüngere Leute gibt, deren Musik mehr Zeitgeist und Relevanz hat. Sein Image als Rocker hat sich einfach ein wenig abgenutzt. Man kennt ihn, er gehört dazu in der BRD. Klar gibt es immer noch genug Ungerechtigkeiten, gegen die er ansingen kann, aber eine Demokratie kann sich jemanden wie Udo leisten. Mit jedem seiner Auftritte in Talkshows oder auf Festivals gegen Rechts klopfen die Programmverantwortlichen sich eben auch ein bisschen auf die eigene Schulter und sagen: Ist doch alles halb so wild, wenn einer wie er hier Superstar werden kann. Wo Protest und Kapitalismus zusammengehen, verkommt Udo zwangsläufig ein bisschen zum kauzigen Patenonkel des guten Zweckes. Hinzu kommt: Spötter und Neider tauchen in einer so langen Karriere irgendwann auf; jedermanns Geschmack war Udo ohnehin nie. Es ist nicht so, dass die Fans wegbleiben würden. Die sind treu und haben oft Freude an seinen Experimenten. Aber insbesondere viele Medien sehen mittlerweile eher auf ihn herab. »Udo Lindenberg? Vielen Dank, ich hab' heute schon gekotzt«, fasst er sein Ansehen in einem Interview Ende der Achtziger selbst zusammen.

In dieser Zeit entdeckt Udo die großen deutschen Dichter der Vorkriegsjahre für sich: Tucholsky, Brecht, Hollaender. Texte wie »Augen in der Großstadt« oder »Ich weiß nicht zu wem ich gehöre« macht er sich souverän zu eigen. Für die Hitparaden sind solche Songs nicht geeignet. Dort findet er in der zweiten Hälfte des Jahrzehnts – wenn überhaupt – mit seinen Balladen statt, die heute zu den absoluten Lindenberg-Klassikern gehören: »Horizont« (1987), das er für seine langjährige Weggefährtin und Privatsekretärin Gabi Blitz geschrieben hat, die an einer Überdosis Alkohol und Tabletten gestorben ist; ein Jahr später dann »Ich lieb dich überhaupt nicht mehr«.

»Horizont« wird für zwei Jahrzehnte Udos letzter Besuch in den Top 20 der Singlecharts sein. Gabis Tod trifft ihn hart. Sie hatte ihn nach dem Tod seiner Mutter durch seine nüchternen Jahre begleitet, war ihm eine Art Schwester gewesen. Und nun, mit erst 33 Jahren, tot. Udo ist »angezählt und tief erschüttert«. Als mit Herm Eiling ein alter Freund aus längst vergangenen Zeiten plötzlich wieder auftaucht, muss das ein großer Trost für Udo sein. Herm war der Schiffssteward, der Udo auf die Idee brachte, eine Ausbildung zum Kellner zu beginnen. Herm war das Versprechen von großer weiter Welt, dem Udo damals gefolgt war. Eines Tages steht er nun in der Lobby des Interconti-Hotels in Hamburg, in dem Udo gerade wohnt. Die vergangenen Jahre haben ihm nicht gutgetan. »Ein übergewichtiger, älterer Herr«, vom Alkoholismus deutlich gezeichnet. Auch er steht gerade vor einem ziemlichen Trümmerhaufen. Es passt. Udo engagiert ihn als Privatsekretär und bittet zusammen mit ihm gleich einen weiteren alten Freund zurück in sein Leben: den Alkohol.

Es gibt kein richtiges Leben in Flaschen

Damit Freund Alkohol ausreichend Platz hat, muss Udo einen großen Schritt zur Seite machen. Wo er noch vor Kurzem das Panik-Orchester zusammenhielt, sitzt er nun mit Herm und anderen Kumpanen an der Hotelbar, nachdem die Vorräte auf dem Zimmer leergetrunken sind. Der Suff beginnt meist direkt nach dem Aufstehen, am frühen Mittag oder späten Nachmittag. Nicht mit zu großer Eile, man ist schließlich Profi, aber doch kontinuierlich. Kontinuierlich läuft auch die Arbeit an neuen Alben – allerdings ist die künstlerische Ambition eher dümpelnd. Ein bisschen zotig, pflichtbewusst politisch, viel »Mir kann keiner was«-Plattitüden, die auf die Erfolge der Vergangenheit verweisen können, wenn jemand mangelnde Größe beanstandet.

Mit *Hermine* liefert er 1988 noch ein sehr stimmiges, gelungenes Album. Die Idee kommt nicht von ihm, sondern von dem NDR-Redakteur Dr. Horst Königstein, ein Intellektueller, der über den Rocker Lindenberg nur die Nase rümpfen kann – vor allem über dessen in Kräuterschnaps förmlich ersaufende Karikatur. Er ermutigt Udo dazu, sich der »virtous-melancholischen Songs der Zwanzigerjahre« anzunehmen. Udo ist begeistert; in das Projekt ist hörbar eine Menge Herzblut geflossen. Auf zwei der Songs finden sich die letzten Tonbandaufnahmen der legendären Marlene Dietrich, deren Veröffentlichung sie zugestimmt hat. Die mittlerweile 87-Jährige lebt da bereits seit Langem zurückgezogen in ihrem Pariser Appartement, den Blicken der Öffentlichkeit entzogen. Sie gestattet Udo nicht den Zutritt in ihr Refugium, aber er darf ihr ein Tonbandgerät durch den Dienstboteneingang reichen lassen. Sie nimmt ein paar Zeilen für ihn auf – Zeilen aus Liedern, die sie einst gesungen hat und die nun Udo für das Album ebenfalls aufnehmen wird. Altersschwach und ebenfalls stark vom Alkohol gezeichnet hört man ihre Stimme, die letzte von vier Zeilen des Liedes »Wenn ich mir was wünschen dürfte« spricht sie falsch: »Träume sind nur schöööön, solang sie unvollfüllbar sind.« (Es ist vermutlich der Tatsache geschuldet, dass ihre Sprache längst eine wilde, eigene Mischung aus Englisch, Französisch und Deutsch geworden ist.)

In einem *ZEIT*-Artikel aus jener Zeit, der sowohl Königstein und Udo als auch den *Hermine*-Produzenten Peter Ströer zitiert, wird klar, dass Udo keine wirkliche Idee mehr hat, wo es hingehen soll. Äußerlich wirkt er wohl aufgeräumt. »Die Zeit der Sprüche ist vorbei«, sagt er. Gemeint ist sein Lindenberg-Jargon, längst auch eine wilde, eigene Sprache. »›Geil, Alter‹ und ›ätzend‹, das geht nicht mehr«, so seine Einsicht – und es klingt, als wisse er selbst nicht, was Lindenberg ausmacht. Ströer hingegen scheint sich darüber im Klaren zu sein, dass von Udo nicht viel zu erwarten ist. »Ich hab den Eindruck, der torkelt immer hin und her«, beschreibt er dessen Unschlüssigkeit. Udo selbst faselt von einer Heavy-Metal-Platte, die er anschließend machen will.

Seine nächsten Alben werden oft eher Ansichtskarten aus Egalien. Zu großer Form läuft er auf, als er Anfang der Neunziger auf *Gustav* – ein zweites, diesmal seinem Vater gewidmetes »Familienalbum« – jenes »Unterm Säufermond« singt, das die Not des Säufers, der nicht aufhören kann, so wissend beschreibt. Auch »Ein Herz kann man nicht reparieren«, entstanden in Zusammenarbeit mit Annette und Inga Humpe, ist nicht nur ein kleiner Hit, sondern auch ein solider Popsong. Aber Udo interessiert sich zunehmend weniger dafür. Viel wichtiger ist, dass immer jemand da ist, der neuen Whiskey ranschafft. Seine Entourage verkleinert sich zusehends auf den erlesenen Haufen jener, die mithalten können und wollen und zudem keine unbequemen Fragen stellen. Das weitere Umfeld setzt sich zu einem nicht geringen Teil aus Leuten zusammen, die sich darüber freuen, dass Udo die Zeche zahlt und den großen Namen mit an den Tresen bringt.

Die Mauer fällt, Udo kann endlich auf Tournee durch die DDR gehen – nur dass es inzwischen die neuen Bundesländer der BRD sind. Das ist natürlich groß, da gibt es Momente der Euphorie gerade auf Seiten der Fans, die so lange auf ihren Helden warten mussten. Aber je weiter die Neunzigerjahre voranschreiten, desto weniger hört man noch etwas von Relevanz aus dem Hause Lindenberg. Die Hip-Hop-Kombo Freundeskreis und der deutsche Reggae-Sänger Gentleman nehmen mit ihm 1999 eine Neufassung seines Songs »No Future« auf – diesmal unter dem Titel »You can't run away«. Da hört man noch einiges von Udos alter Größe, und man merkt, welchen Einfluss er auf die Generationen nach ihm gehabt hat. Er wird quasi als *Elder Statesman* präsentiert. In Wirklichkeit ist er aber noch nicht so weit, dass er diese Auszeichnung mit Leben füllen könnte – und wer will schon *Elder Statesman* sein, wenn die Nacht noch jung und noch Whiskey in der Flasche ist? Zu Beginn des neuen Jahrtausends ist Udos Verfassung so mies, dass er seine Live-Shows manchmal nicht mehr selbst zu Ende bringen kann und sich stattdessen von einem Double vertreten lässt. So richtig kriegen die Leute das vielleicht auch deshalb nicht mit, weil sich keiner mehr wirklich kümmert. Mithin laufen dann aber auch verdienstvolle Udo-Projekte unterm Radar der Öffentlichkeit – sein unentwegtes Engagement gegen Rechts, zum Beispiel, oder ambitioniertere Alben wie *Belcanto* und *Atlantic Affairs*.

Udo baut massiv ab, körperlich vor allem. Aber auch seine Musik, seine Texte und sonstige Aktionen sind nun häufig Sektlaunen und Schnapsideen geschuldet. (Wobei er natürlich statt Sekt Champagner trinkt.) In seiner Nüchternheit mag er außergewöhnlich gewesen sein – jahrelang ohne Vollrausch in einem komplett »nassen« Umfeld ständiger Verlockung. Nun, da er wieder trinkt, ist er aber in vielerlei Hinsicht ein Trinker unter vielen. Sicher, genug Geld ist immer da, sodass er sich keine Gedanken darüber machen muss, ob der Nachschub nun von der Hotelbar oder von der nächsten Tanke kommt. Es ist sogar genug Geld da, um Herm und andere Freunde rund um die Uhr mitzuversorgen. Und weil er einfach einen Arzt kommen lassen kann, wenn er vier Tage durchgezecht hat, kann er die körperlichen Schäden ein bisschen besser abfedern als andere. Immer mal wieder wird eine Entziehungskur eingeschoben, um den Körper zu entgiften, der ja nun auch nicht jünger wird, ne? Anschließend geht es weiter wie gehabt. Irgendwann ist Udo nur noch ein Schatten seiner selbst. Oft nicht mehr ganz zurechnungsfähig und gesundheitlich so stark angezählt, dass die Plattenfirma schon anfängt, die posthumen Verkaufszahlen zu überschlagen, die ja bei den ganz Großen gerne noch mal durch die Decke gehen, wenn Schluss ist.

Die vielen negativen Folgen des Alkohols werden dem passionierten Trinker durch mehr Alkohol erträglich gemacht. Es dauert ewig, bis sich die Erkenntnis einschleicht, dass man nach Strich und Faden beschissen wird. Dass der Alkohol das Elend nicht lindert, sondern erst fabriziert. Dass die großen Ideen, die man im Suff spinnt, oft von überraschendem Kleingeist zeugen. Alkohol ist Boss. Der Verfügungsrahmen der eigenen Persönlichkeit wird immer limitierter. Manchmal ist es ein einschneidendes Erlebnis, das dazu führt, dass man sein Leben wieder selbst in die Hand nehmen will. Bei Udo war das Ende der Siebziger der Tod seiner Mutter. Doch das ist schon lange her.

... dann war er ready fürs Comeback

Im September 2006 erhält Udo einen völlig unerwarteten Anruf. Sein Bruder Erich ist tot in seinem Berliner Atelier aufgefunden worden, eine Woche vor seinem 68. Geburtstag. Erich, der »höchstens ein Glas Rotwein am Abend« trinkt. Erich, der Udos Bypass zur Vernunft ist, der ihm immer im besten, beschützenden Sinne ein großer Bruder geblieben ist. Der anspruchsvolle Kunstmaler, dem der große Erfolg immer verwehrt geblieben ist. (Erst einen Monat zuvor hatte eine gemeinsame Ausstellung mit Udo ihn ein wenig ins Bewusstsein der breiten Öffentlichkeit geholt. Udo hatte da unter anderem seine Strichzeichnungen präsentiert, seine mit Alkohol eingefärbten Likörelle.)

Erich wird nun nicht mehr auf ihn aufpassen. Und so wie fast 30 Jahre zuvor, nach dem Tod von Hermine, wird Udo klar, dass er diese undankbare Aufgabe endlich selbst wird übernehmen müssen. Also endlich mal klar Schiff machen auf seiner *Andrea Doria*, bevor die es dem Original gleichtut und ebenfalls komplett untergeht. Kein Saufen bis zur Besinnungslosigkeit mehr, keine Flatrate an der Bar, aber bevor der Eierlikör verkommt, gießt man sich doch ein Gläschen ein. Zur Nachahmung unbedingt *nicht* empfohlen, wenn man denn den Klauen des Alkoholismus gerade noch mal so entkommen ist, aber für Udo funktioniert das.

Es dauert noch eine Weile, bis er sich sortiert hat, bis er einsieht, dass all seine Ansätze der letzten Jahre nur noch tiefer hinein in den Sumpf aus klappernder Selbstreferentialität in steifer Altherren-Rock-Ummantelung führen. Es braucht einen frischen Blick von außen. Annette Humpe hat ihm mit Andreas Herbig einen Produzenten empfohlen, der aufräumen will mit dem ganzen Ballast der letzten Platten. Udos Lebenserfahrung muss man nicht unter Instrumentaltrümmern begraben. Klar im Kopf wie seit Jahren nicht mehr, macht er sich an die Arbeit für sein Comeback-Album. Dann dreht er doch noch eine rasche Runde auf dem guten alten Dampfer Suff, bis man ihm die Pistole auf die Brust setzt: Es geht nüchtern weiter – oder gar nicht. Dann eben nüchtern.

Stark wie Zwei, Studioalbum Nummer 35, ist das Resultat dieser Arbeit. Das erste Lindenberg-Album seit sechs Jahren. Es ist durch und durch ein Neuanfang, keine bräsige Nachlassverwaltung. Es ist ein Glanzstück in seinem Œuvre und wird zum bisher größten Erfolg seiner Karriere. Fast ein Vierteljahrhundert ist es her, dass er ein Album in den Top Ten hatte. Nun hat er plötzlich die erste Nummer 1 seines Lebens.

Mit 62 Jahren beginnt für Udo eine neue Zeitrechnung. Seine Tourneen führen ihn durch die größten Stadien und Hallen des Landes. Im Januar später feiert im Theater des Westens in Berlin das Musical *Hinterm Horizont* Premiere, dessen Story in Lindenberg-Songs erzählt wird. Mehr als fünf Jahre lang wird es dort erfolgreich laufen, bevor es 2016 noch mal für ein Jahr nach Hamburg wechselt. Insgesamt kommt es auf über 2500 Aufführungen. Ebenfalls 2011 erscheint Udos Beitrag zu der berühmten *Unplugged*-Reihe von MTV. Eine elegante Werkschau mit einem großen Aufgebot an Stargästen. Das Album zum Konzert verkauft sich mehr als 1 Million Mal – sensationelle Zahlen im digitalen Zeitalter.

»20 Jahre Suff und weg«, wird er seine dunklen Jahre auf dem nächsten Studioalbum *Stär-*

ker als die Zeit (2016) zusammenfassen. Es geht weiter: »Dann war er ready fürs Comeback.« Und wenige haben ein so glorreiches Comeback hingelegt wie er. Besser denn je ist er zurück.

Im Oktober 2019 erhält Udo Lindenberg von Bundespräsident Walter Steinmeier das Bundesverdienstkreuz. Steinmeier lobt, dass Udo »in einzigartiger Weise gegen die deutsche Teilung angesungen« hat. Es ist nicht das erste Bundesverdienstkreuz, das Udo erhält. Schon 1989 hatte er es erhalten. Das landete dann aber unglücklicherweise in einem Gully, nachdem er es einem Freund geliehen hatte. Auch so eine Schnapsidee. Irgendwie gelang es aber doch, das Ding wieder aus der Kanalisation zu fischen. Ein schönes Sinnbild eigentlich auch für Udos Aufstieg, Fall und Wiederaufstieg.

Quellen

Vater Gustav – Dirigent unterm Säufermond

Hüetlin, Thomas: *Udo* [Kiepenheuer & Witsch, 2018]

von Stuckrad-Barre, Benjamin: *Udo Fröhliche: Udo Fröhliche: Das Lindenberg-Lexikon von Alkohol bis Zigarre* [Axel Springer, 2016]

https://www.spiegel.de/geschichte/udo-lindenberg-ueber-seine-kindheit-in-gronau-a-961328.html

Der Detektiv

Hüetlin, Thomas: *Udo* [Kiepenheuer & Witsch, 2018]

von Stuckrad-Barre, Benjamin: *Udo Fröhliche: Udo Fröhliche: Das Lindenberg-Lexikon von Alkohol bis Zigarre* [Axel Springer, 2016]

https://www.spiegel.de/geschichte/udo-lindenberg-ueber-seine-kindheit-in-gronau-a-961328.html

https://www.bild.de/unterhaltung/musik/udo-lindenberg/pool-position-panik-29720080.bild.html

Und ewig trommelt die Linde

Hüetlin, Thomas: *Udo* [Kiepenheuer & Witsch, 2018]

von Stuckrad-Barre, Benjamin: *Udo Fröhliche: Udo Fröhliche: Das Lindenberg-Lexikon von Alkohol bis Zigarre* [Axel Springer, 2016]

https://www.sticks.de/stories/udo-lindenberg-die-trommelei-ist-schwer-zu-erklaeren-wie-alle-ausserirdischen-phaenomene/

https://www.youtube.com/watch?v=OUgrCME4JXM

Wann, wenn nicht Jazz?

Hüetlin, Thomas: *Udo* [Kiepenheuer & Witsch, 2018]

von Stuckrad-Barre, Benjamin: *Udo Fröhliche: Udo Fröhliche: Das Lindenberg-Lexikon von Alkohol bis Zigarre* [Axel Springer, 2016]

https://www.deutschlandfunkkultur.de/steffi-stephan-zum-70-geburtstag-von-udo-lindenberg-auf-zum.1008.de.html?dram:article_id=354277

http://www.krautrockseite.de/kblnzbands-mustangs.htm

Von Hamburg nach München – und retour

Hüetlin, Thomas: *Udo* [Kiepenheuer & Witsch, 2018]

von Stuckrad-Barre, Benjamin: *Udo Fröhliche: Udo Fröhliche: Das Lindenberg-Lexikon von Alkohol bis Zigarre* [Axel Springer, 2016]

http://www.news.de/promis/855639060/70-geburtstag-udo-lindenberg-sieben-dinge-ueber-den-besten-deutschen-rocker/6/

https://www.abendblatt.de/hamburg/polizeimeldungen/article107605461/Udo-Lindenberg-gewinnt-Prozess-und-verliert-den-Freund.html

https://www.noz.de/lokales/osnabrueck/artikel/164990/klaus-doldinger-hat-dem-tatort-seine-titelmelodie-verpasst

https://www.udiscover-music.de/popkultur/5-wahrheiten-uber-udo-lindenberg

Pö à Pö zum Ruhm

Hüetlin, Thomas: *Udo* [Kiepenheuer & Witsch, 2018]

von Stuckrad-Barre, Benjamin: *Udo Fröhliche: Udo Fröhliche: Das Lindenberg-Lexikon von Alkohol bis Zigarre* [Axel Springer, 2016]

https://storybehind.de/story-lindenberg-tsb.html

http://www.taurus-press.de/rockd/IL24.html

https://www.spiegel.de/spiegel/print/d-41784588.html

So'n richtig verschärftes Leben

Hüetlin, Thomas: *Udo* [Kiepenheuer & Witsch, 2018]

von Stuckrad-Barre, Benjamin: *Udo Fröhliche: Udo Fröhliche: Das Lindenberg-Lexikon von Alkohol bis Zigarre* [Axel Springer, 2016]

von Stuckrad-Barre, Benjamin: *Panikherz* [Kiepenheuer & Witsch, 2016]

https://www.welt.de/wams_print/article2208204/Unsere-wilden-Zeiten-in-der-Villa-Kunterbunt.html

https://www.spiegel.de/spiegel/print/d-41784588.html

https://meinsammelsuriumblog.wordpress.com/2017/06/01/ulla-meinecke-von-toten-tigern-und-nassen-katzen-1977/

Kein dröhner Land hier weit und breit

Hüetlin, Thomas: *Udo* [Kiepenheuer & Witsch, 2018]

https://www.zeit.de/1979/05/maerchen-rock-revue

https://de.wikipedia.org/wiki/Fritz_Rau

Lindianer und Oberindianer

Hüetlin, Thomas: *Udo* [Kiepenheuer & Witsch, 2018]

https://de.wikipedia.org/wiki/Wozu_sind_Kriege_da%3F

https://www.tagesspiegel.de/berlin/udo-lindenberg-im-palast-der-republik-ich-bin-rocker-doch-ich-stehnicht-auf-gewalt/8975838.html

https://www.mdr.de/zeitreise/stoebern/damals/bildergalerie5908.html

https://www.ndr.de/geschichte/chronologie/1983-Das-Lindenberg-Konzert-im-Stasi-Blick,stasiaktenlindenberg100.html

https://de.wikipedia.org/wiki/Sonderzug_nach_Pankow

Offene Straßen

Hüetlin, Thomas: *Udo* [Kiepenheuer & Witsch, 2018]

https://www.sueddeutsche.de/leben/vip-klick-udo-lindenberg-gut-behuetete-narbe-1.1047549

https://www.spiegel.de/panorama/vor-20-jahren-im-flugzeug-nena-und-udo-lindenberg-liebten-sich-a-217952.html

https://www.spiegel.de/spiegel/print/d-13508170.html

https://www.zeit.de/1984/21/der-traum-und-sein-preis

Es gibt kein richtiges Leben in Flaschen

Hüetlin, Thomas: *Udo* [Kiepenheuer & Witsch, 2018]

https://www.zeit.de/1988/21/ein-sammler-und-ausbeuter/seite-3

… dann war er ready fürs Comeback

Hüetlin, Thomas: *Udo* [Kiepenheuer & Witsch, 2018]

https://www.abendblatt.de/kultur-live/buehne/article212366917/Letzter-Vorhang-fuer-Hinterm-Horizont.html

https://www.abendblatt.de/kultur-live/article227263713/Udo-Lindenberg-Bundesverdienstkreuz-Frank-Walter-Steinmeier-Bundespraesident.html